海上絲綢之路基本文獻叢書

异域圖志

〔明〕佚名 撰

文物出版社

圖書在版編目（CIP）數據

异域圖志 /（明）佚名撰．-- 北京 ：文物出版社，2023.3
（海上絲綢之路基本文獻叢書）
ISBN 978-7-5010-7924-7

Ⅰ．①異… Ⅱ．①佚… Ⅲ．①歷史地理－世界－明代 Ⅳ．①K916

中國國家版本館 CIP 數據核字（2023）第 026233 號

海上絲綢之路基本文獻叢書
异域圖志

撰　　者：〔明〕佚名
策　　劃：盛世博閱（北京）文化有限責任公司

封面設計：鞏榮彪
責任編輯：劉永海
責任印製：王　芳

出版發行：文物出版社
社　　址：北京市東城區東直門内北小街 2 號樓
郵　　編：100007
網　　址：http://www.wenwu.com
經　　銷：新華書店
印　　刷：河北賽文印刷有限公司
開　　本：787mm×1092mm　1/16
印　　張：13.25
版　　次：2023 年 3 月第 1 版
印　　次：2023 年 3 月第 1 次印刷
書　　號：ISBN 978-7-5010-7924-7
定　　價：94.00 圓

總緒

海上絲綢之路，一般意義上是指從秦漢至鴉片戰争前中國與世界進行政治、經濟、文化交流的海上通道，主要分爲經由黄海、東海的海路最終抵達日本列島及朝鮮半島的東海航綫和以徐聞、合浦、廣州、泉州爲起點通往東南亞及印度洋地區的南海航綫。

在中國古代文獻中，最早、最詳細記載『海上絲綢之路』航綫的是東漢班固的《漢書·地理志》，詳細記載了西漢黄門譯長率領應募者入海『齎黄金雜繒而往』之事，書中所出現的地理記載與東南亞地區相關，并與實際的地理狀況基本相符。

東漢後，中國進入魏晋南北朝長達三百多年的分裂割據時期，絲路上的交往也走向低谷。這一時期的絲路交往，以法顯的西行最爲著名。法顯作爲從陸路西行到印度，再由海路回國的第一人，根據親身經歷所寫的《佛國記》（又稱《法顯傳》）一書，詳細介紹了古代中亞和印度、巴基斯坦、斯里蘭卡等地的歷史及風土人情，是瞭解和研究海陸絲綢之路的珍貴歷史資料。

隨着隋唐的統一，中國經濟重心的南移，中國與西方交通以海路爲主，海上絲綢之路進入大發展時期。廣州成爲唐朝最大的海外貿易中心，朝廷設立市舶司，專門管理海外貿易。唐代著名的地理學家賈耽（七三〇～八〇五年）的《皇華四達記》記載了從廣州通往阿拉伯地區的海上交通『廣州通海夷道』，詳述了從廣州港出發，經越南、馬來半島、蘇門答臘島至印度、錫蘭，直至波斯灣沿岸各國的航綫及沿途地區的方位、名稱、島礁、山川、民俗等。譯經大師義净西行求法，將沿途見聞寫成著作《大唐西域求法高僧傳》，詳細記載了海上絲綢之路的發展變化，是我們瞭解絲綢之路不可多得的第一手資料。

宋代的造船技術和航海技術顯著提高，指南針廣泛應用於航海，中國商船的遠航能力大大提升。北宋徐兢的《宣和奉使高麗圖經》詳細記述了船舶製造、海洋地理和往來航綫，是研究宋代海外交通史、中朝友好關係史、中朝經濟文化交流史的重要文獻。南宋趙汝适《諸蕃志》記載，南海有五十三個國家和地區與南宋通商貿易，形成了通往日本、高麗、東南亞、印度、波斯、阿拉伯等地的『海上絲綢之路』。宋代爲了加强商貿往來，於北宋神宗元豐三年（一〇八〇年）頒布了中國歷史上第一部海洋貿易管理條例《廣州市舶條法》，并稱爲宋代貿易管理的制度範本。

元朝在經濟上採用重商主義政策，鼓勵海外貿易，中國與世界的聯繫與交往非常頻繁，其中馬可·波羅、伊本·白圖泰等旅行家來到中國，留下了大量的旅行記，記録元代海上絲綢之路的盛况。元代的汪大淵兩次出海，撰寫出《島夷志略》一書，記録了二百多個國名和地名，其中不少首次見於中國著録，涉及的地理範圍東至菲律賓群島，西至非洲。這些都反映了元朝時中西經濟文化交流的豐富内容。

明、清政府先後多次實施海禁政策，海上絲綢之路的貿易逐漸衰落。但是從明永樂三年至明宣德八年的二十八年裏，鄭和率船隊七下西洋，先後到達的國家多達三十多個，在進行經貿交流的同時，也極大地促進了中外文化的交流，這些都詳見於《西洋蕃國志》《星槎勝覽》《瀛涯勝覽》等典籍中。

關於海上絲綢之路的文獻記述，除上述官員、學者、求法或傳教高僧以及旅行者的著作外，自《漢書》之後，歷代正史大都列有《地理志》《四夷傳》《西域傳》《外國傳》《蠻夷傳》《屬國傳》等篇章，加上唐宋以來衆多的典制類文獻、地方史志文獻，集中反映了歷代王朝對於周邊部族、政權以及西方世界的認識，都是關於海上絲綢之路的原始史料性文獻。

海上絲綢之路概念的形成，經歷了一個演變的過程。十九世紀七十年代德國地理學家費迪南・馮・李希霍芬（Ferdinad Von Richthofen，一八三三～一九〇五），在其《中國：親身旅行和研究成果》第三卷中首次把輸出中國絲綢的東西陸路稱爲『絲綢之路』。有『歐洲漢學泰斗』之稱的法國漢學家沙畹（Édouard Chavannes，一八六五～一九一八），在其一九〇三年著作的《西突厥史料》中提出『絲路有海陸兩道』，蘊涵了海上絲綢之路最初提法。迄今發現最早正式提出『海上絲綢之路』一詞的是日本考古學家三杉隆敏，他在一九六七年出版《中國瓷器之旅：探索海上的絲綢之路》中首次使用『海上絲綢之路』一詞；一九七九年三杉隆敏又出版了《海上絲綢之路》一書，其立意和出發點局限在東西方之間的陶瓷貿易與交流史。

二十世紀八十年代以來，在海外交通史研究中，『海上絲綢之路』一詞逐漸成爲中外學術界廣泛接受的概念。根據姚楠等人研究，饒宗頤先生是中國學者中最早提出『海上絲綢之路』的人，他的《海道之絲路與昆侖舶》正式提出『海上絲路』的稱謂。選堂先生評價海上絲綢之路是外交、貿易和文化交流作用的通道。此後，學者馮蔚然在一九七八年編寫的《航運史話》中，也使用了『海上絲綢之路』一詞，此書更多地限於航海活動領域的考察。一九八〇年北京大學陳炎教授提出『海上絲綢之路』研究，并於一九八一年發表《略論海上絲綢之路》一文。他對海上絲綢之路的理解超越以往，且帶有濃厚的愛國主義思想。陳炎教授之後，從事研究海上絲綢之路的學者越來越多，尤其沿海港口城市向聯合國申請海上絲綢之路非物質文化遺産活動，將海上絲綢之路研究推向新高潮。另外，國家把建設『絲綢之路經濟帶』和『二十一世紀海上絲綢之路』作爲對外發展方針，將這一學術課題提升爲國家願景的高度，使海上絲綢之路形成超越學術進入政經層面的熱潮。

與海上絲綢之路學的萬千氣象相對應，海上絲綢之路文獻的整理工作仍顯滯後，遠遠跟不上突飛猛進的研究進展。二〇一八年厦門大學、中山大學等單位聯合發起『海上絲綢之路文獻集成』專案，尚在醖釀當中。我們不揣淺陋，深入調查，廣泛搜集，將有關海上絲綢之路的原始史料文獻和研究文獻，分爲風俗物産、雜史筆記、海防海事、典章檔案等六個類别，彙編成《海上絲綢之路歷史文化叢書》，於二〇二〇年影印出版。此輯面市以來，深受各大圖書館及相關研究者好評。爲讓更多的讀者親近古籍文獻，我們遴選出前編中的菁華，彙編成《海上絲綢之路基本文獻叢書》，以單行本影印出版，以饗讀者，以期爲讀者展現出一幅幅中外經濟文化交流的精美畫卷，爲海上絲綢之路的研究提供歷史借鑒，爲『二十一世紀海上絲綢之路』倡議構想的實踐做好歷史的詮釋和注脚，從而達到『以史爲鑒』『古爲今用』的目的。

凡例

一、本編注重史料的珍稀性，從《海上絲綢之路歷史文化叢書》中遴選出菁華，擬出版數百册單行本。

二、本編所選之文獻，其編纂的年代下限至一九四九年。

三、本編排序無嚴格定式，所選之文獻篇幅以二百餘頁爲宜，以便讀者閱讀使用。

四、本編所選文獻，每種前皆注明版本、著者。

五、本編文獻皆爲影印，原始文本掃描之後經過修復處理，仍存原式，少數文獻由於原始底本欠佳，略有模糊之處，不影響閱讀使用。

六、本編原始底本非一時一地之出版物，原書裝幀、開本多有不同，本書彙編之後，統一爲十六開右翻本。

目録

异域圖志

异域圖志

一卷

〔明〕佚名 撰

明刊本

異域圖志

商名鮮卑周名朝鮮武王封箕子于其國中國之禮樂詩書
醫藥卜筮皆流于此衙門官制悉體中國衣冠隨中國各朝
制度俗尚儒人柔惡殺刑無慘酷王之族人皆称君化外四
夷之國獨高麗為最但禮貌與中國有差如見王親貴咸則
扯嗦跪膝在地如小見大則蹲身俛首為禮如中國人見賊焉
冠不敢仰視之類此夷狄之風俗習以為常焉地不產良馬
白石可作灯具黑麻可織夏布其國君皆是以強抑弱而王
國治東西二千里南北千五百里王居開州號曰開城府依
山為宮名其山曰神嵩民居多茅茨少陶瓦以樂浪為東京
百濟金州為西京西京最盛有郡百十八縣鎮三百二十洲
島三千郡邑小者或止百家西北接契丹以鴨綠江為[illegible]
廣三百步海水至高麗極清入登州經千里沙即濁東南望
明州數日水皆絕碧至海中則黑海人謂此無底之谷也

在林沐呐居住種田出馬應天府行一年

巴赤吉

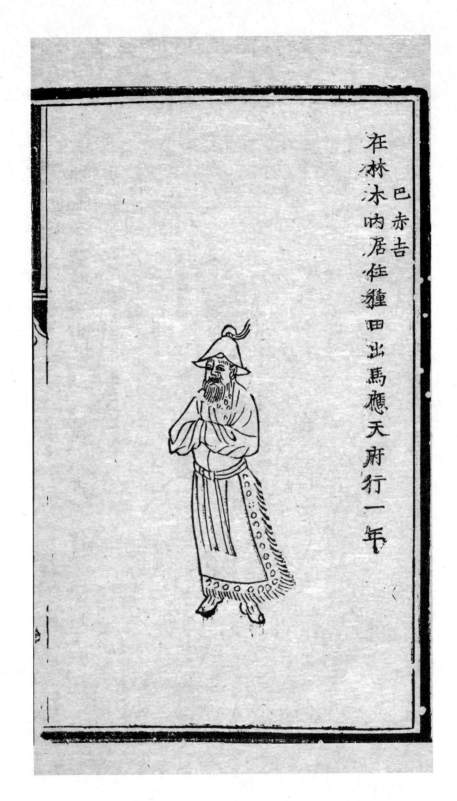

包石
有城池屋舍種田出羊
應天府馬行一年

日本國

即倭國在新羅國東南大海中依山島居九百餘里專一沿
海盜寇為生國呼為倭寇

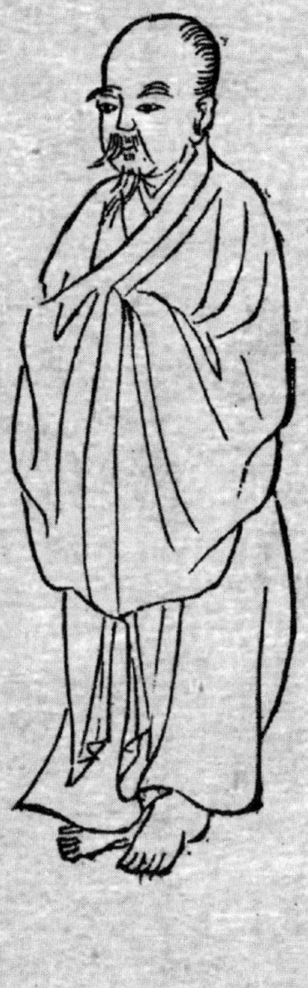

大琉球國

當建安之東水行五百里土多山峒有小王各爲部落而不相救援國朝進貢不時王子及陪臣之子皆入太學讀書禮待甚厚

小琉球國

國近東南有王子管轄地產玻璃名香異寶

女真

其地在契丹之東北長白山之下鴨綠水之源古肅慎之地也其有新羅人曰完顏氏奔於其地遂世居焉因其地產金故以其國號至阿骨打滅帝國人皆以鹿皮魚皮為衣其國有種野人膝肘皆縛刀出及晝夜不解輕死重強壽如狼虎男子皆黥其面女真人與其為婚者亦刺其口

暹羅國

其國濵海風俗男子自㓜剖陽物嵌八寶以衒富貴不然則女家不與妻近有海客往暹羅吹至一島見滿山悉是黑漆匙筯其處多大木客仰窺匙筯乃木之花蘂也因拾百餘隻還用之肥不能染後偶取黄茶隨手而消

臬契丹

有城池人煙金人馬會至

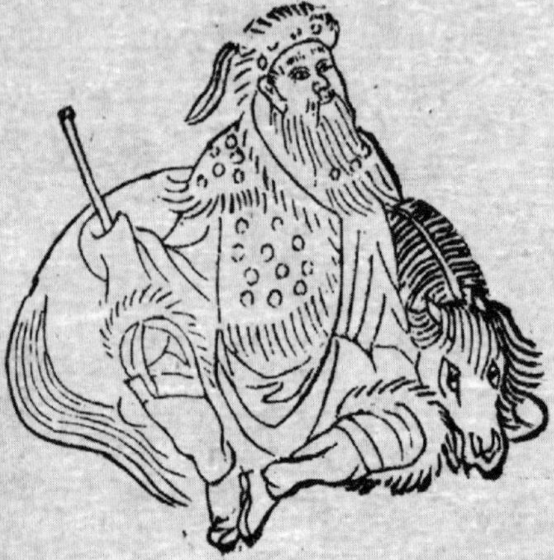

憑天府馬行一年

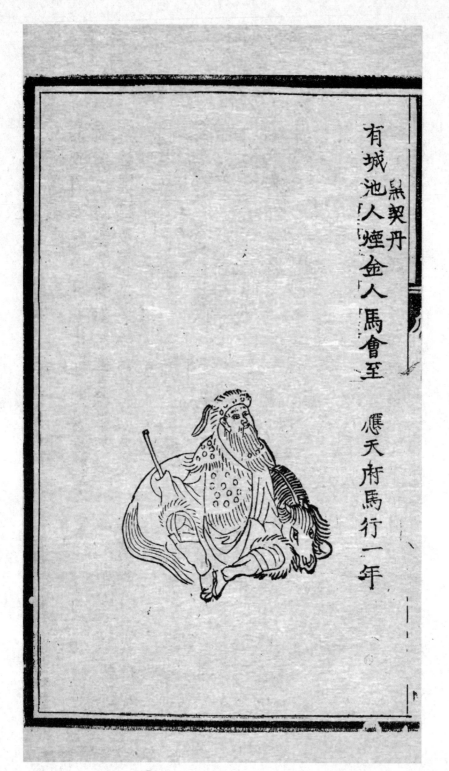

匈奴

其種有五色一種黃毛者乃山鬼與特牛所主一種短項矮胖者乃玃猳與野猪所生一種黑髮白身者乃漢李陵兵遺種也一種名突厥其先乃射摩舍利海神與金角白鹿交感而生射摩因手斬阿吩首領金以人祭纛俗尚射殺孛妖神無祠廟刻毡為形盛於毛袋行動之處以脂蘇塗之或繫竿上四時祀之一種乃塔巴赤罕之祖元朝秘史云蒼白狼與憐白鹿所生二十五世生帖木真是稱大蒙古部長僭號皇帝世居沙漠東北六千里後居山陰號韃靼地産羊馬無城池房舍隨水草所居俗尚射獵食羊馬野鹿衣皮革帖木真四世孫忽必烈僭居中國稱帝

阿思

有城池用石壘記至應天府馬行一年七箇月

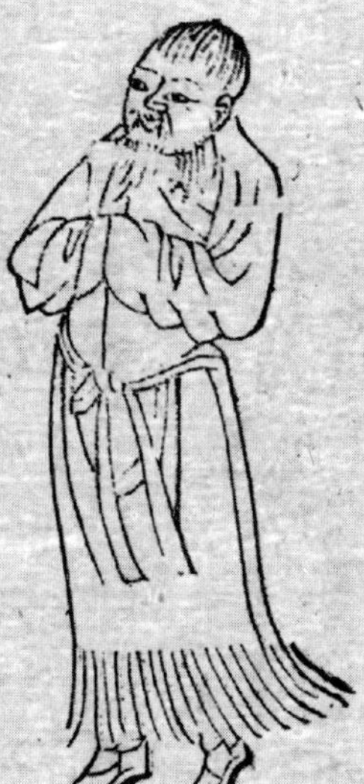

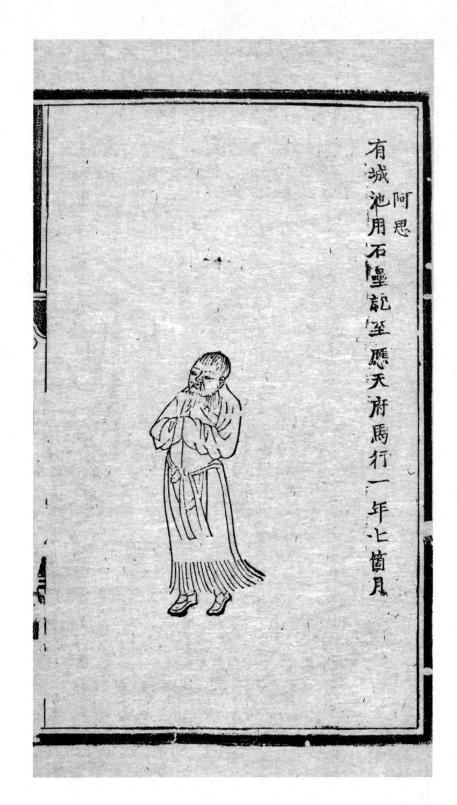

吾凉愛達

係韃靼東北上分界林木内住坐有野馬無牛羊打魚食馬乳過日

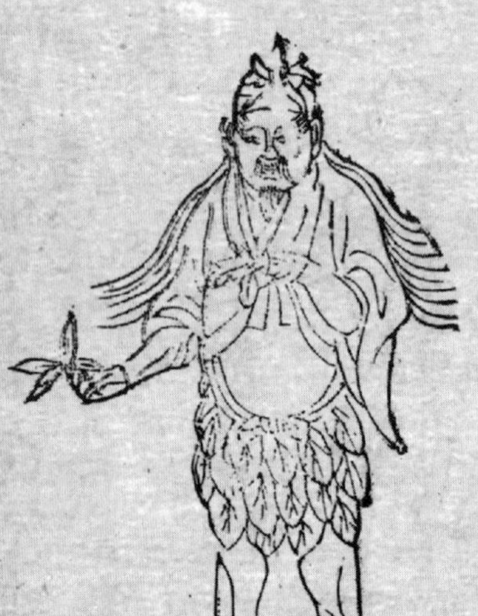

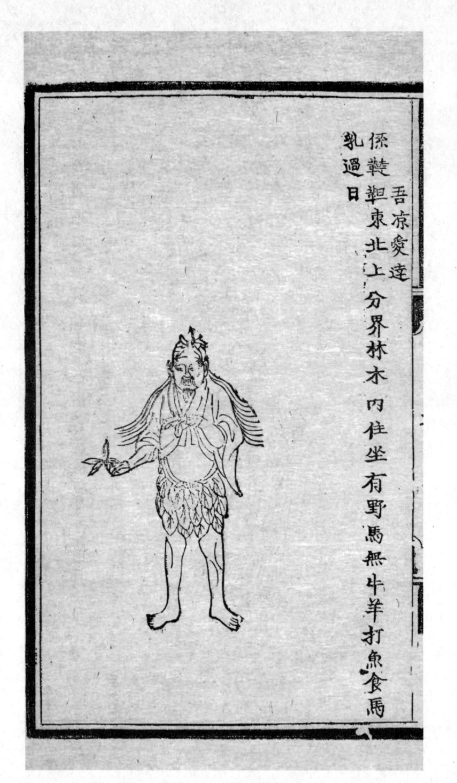

無連蒙古

在海島住坐有城池人煙每與戚汶戰着貂鼠皮至應天府

馬行五箇月

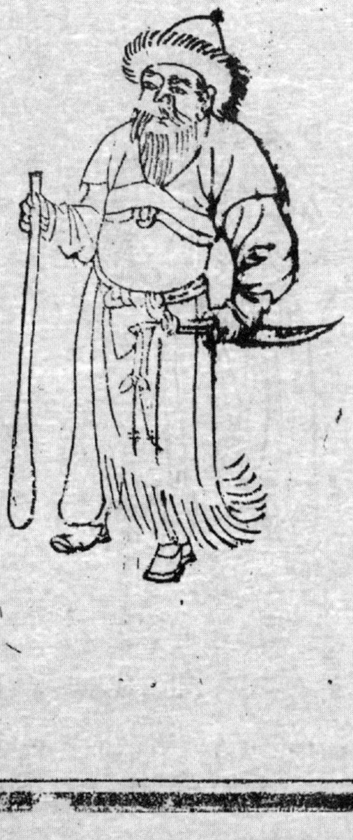

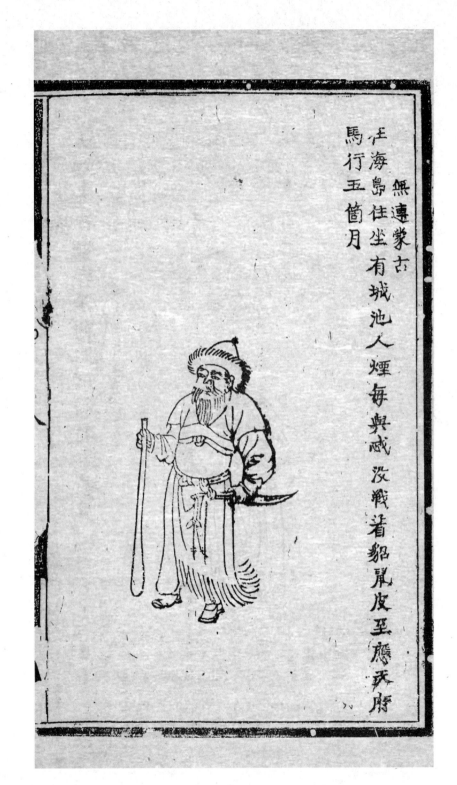

土麻

人煙多似韃靼至應天府馬行七箇月

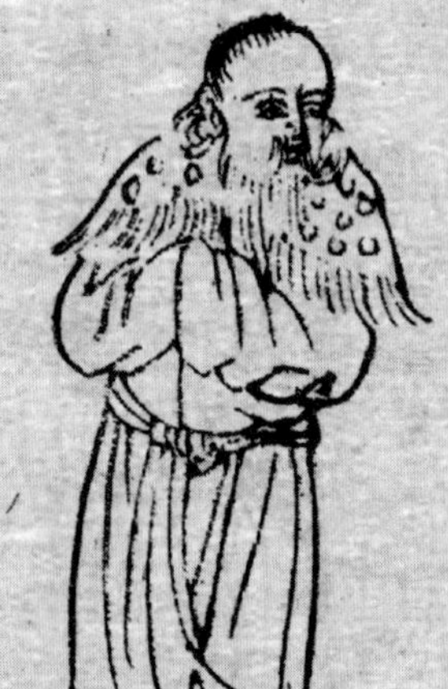

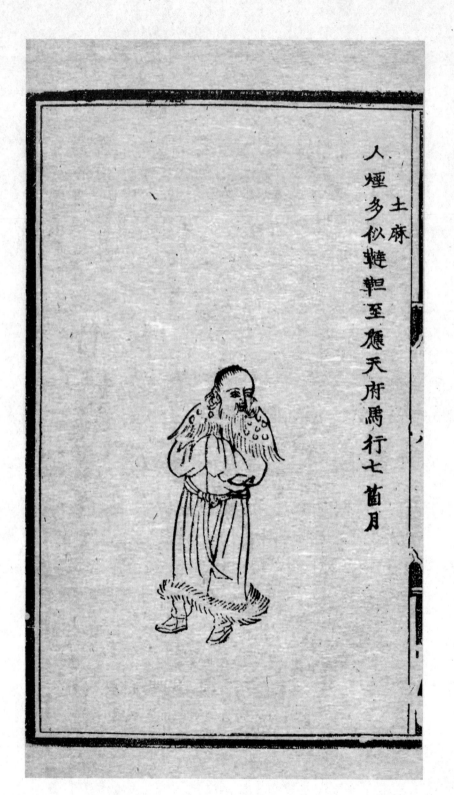

女暮樂

有城池入煙着串皮衣畜牛羊韃靼曾到

阿里車盧

並係山林有城種田食至應天府馬行一年

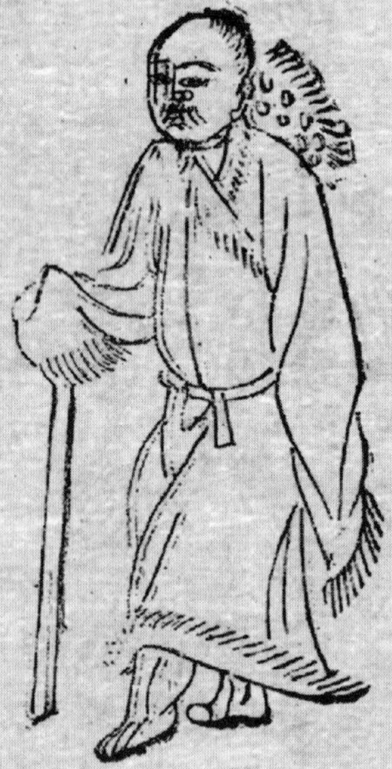

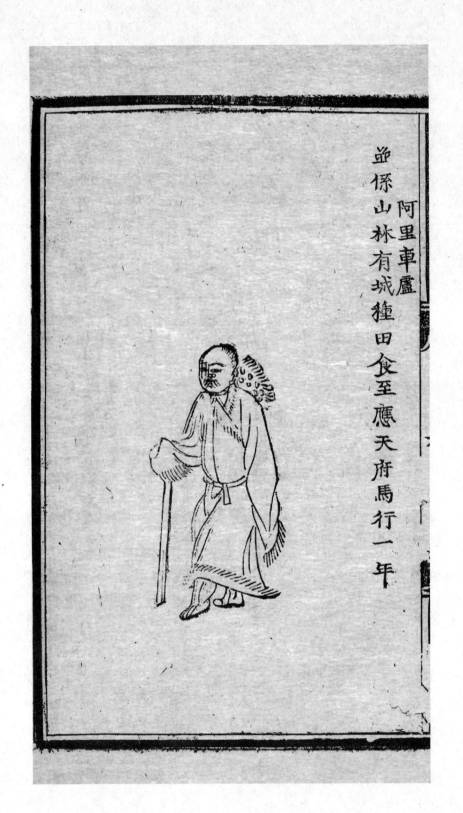

虼曾國

與本會一般至應天府馬行七箇月

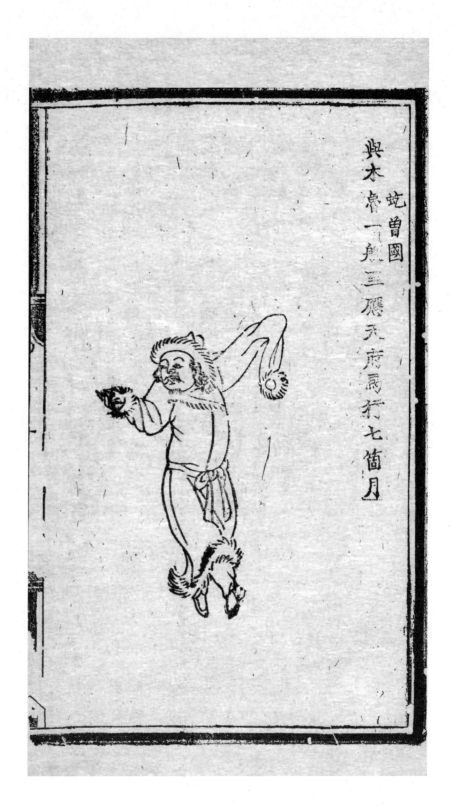

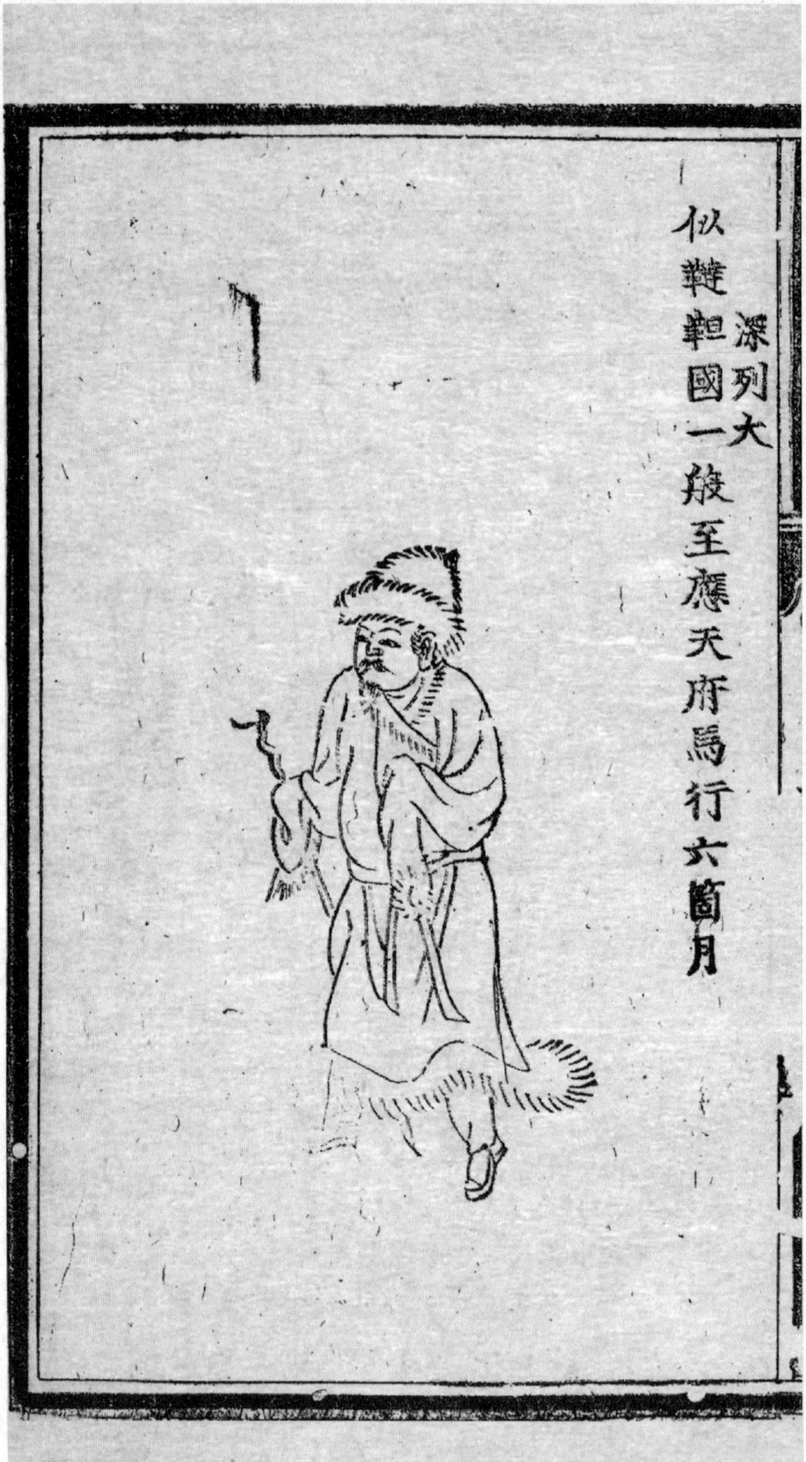
深列大
似韃靼國一般至應天府馬行六箇月

撒里荒
汎邉似韃靼一般至應天府馬行三箇月

大羅國

如韃靼結束至應天府馬行四箇月

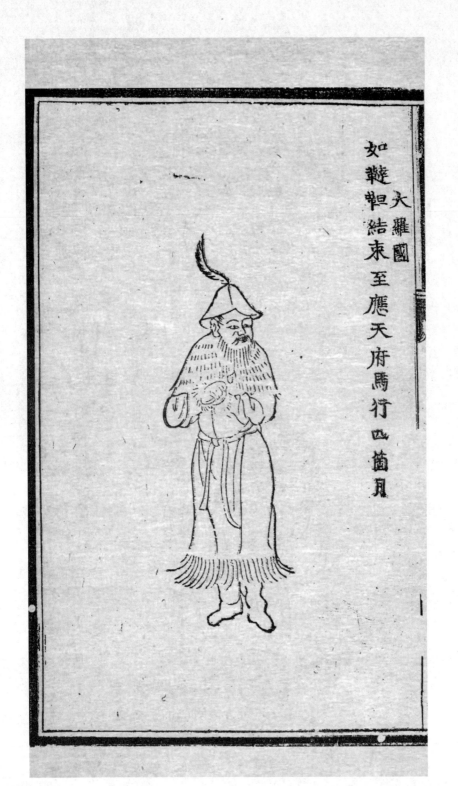

朶牙金彪
係西番水波至應天府馬行約五箇月

烏衣國

其人衣黑衣大巾掩至膝脫見漢人則背行不令見而見之即殺謂既見吾面不令其生以草為蓬懸物於上與人交易不相授受彼亦以物懸而易之如價不及則追而殺之

後眼國

其人後項有一目結束與韃靼同兀良哈人時忽見而畏之

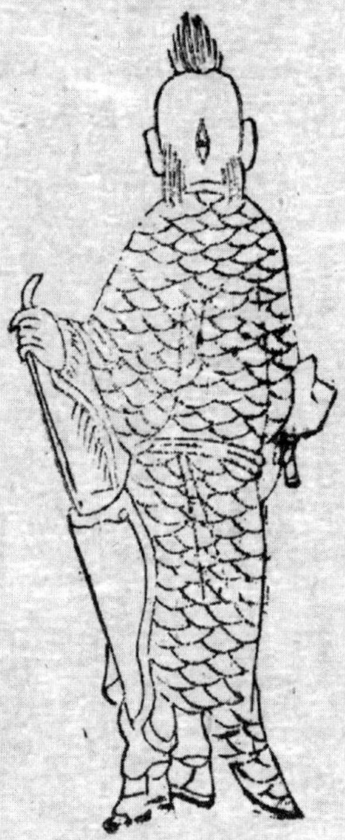

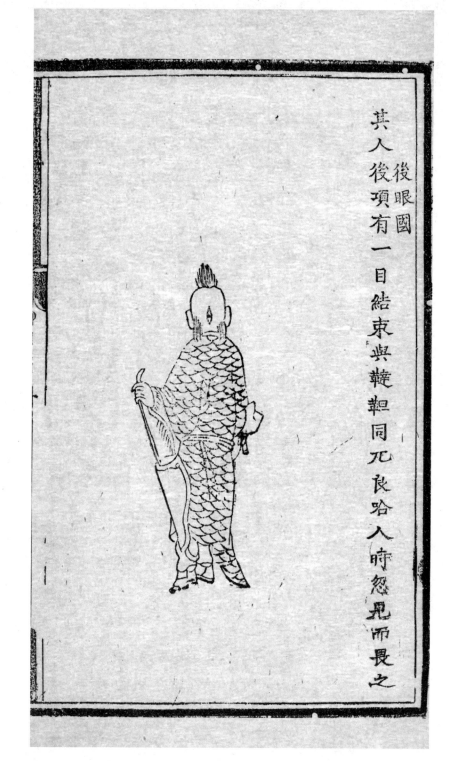

出駝馬至應天府馬行二箇月
鈌東

歇祭

皆平地多林木種田有房屋出好馬人黄頭穿衣至應天府約行一年

波剎

多林木入種田無城池有屋舍鞍轡曾到京應天府馬行一年

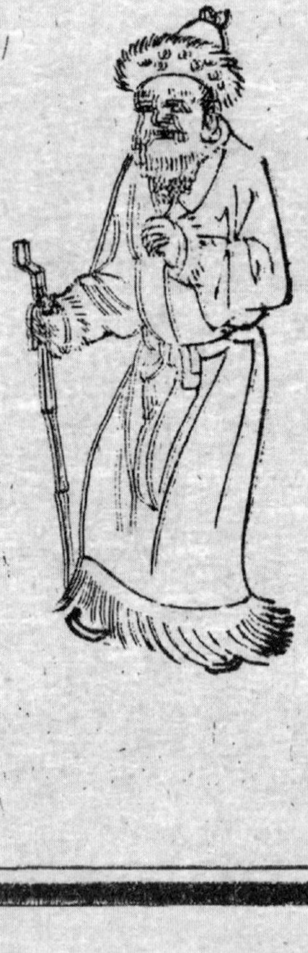

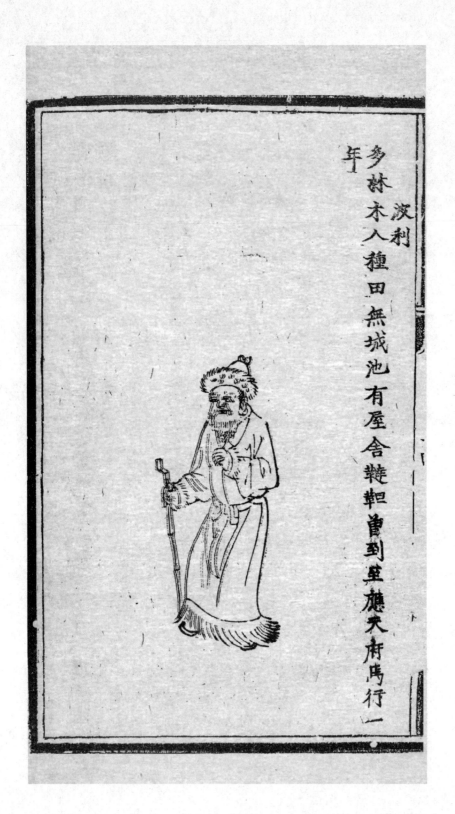

骨利國

居回鶻北方瀚海之北出名馬晝長夜短日沒後天色正熏煮羊胛方熟天色曙矣

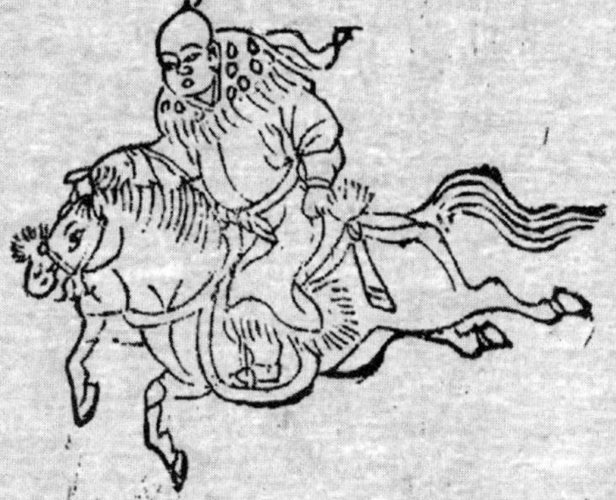

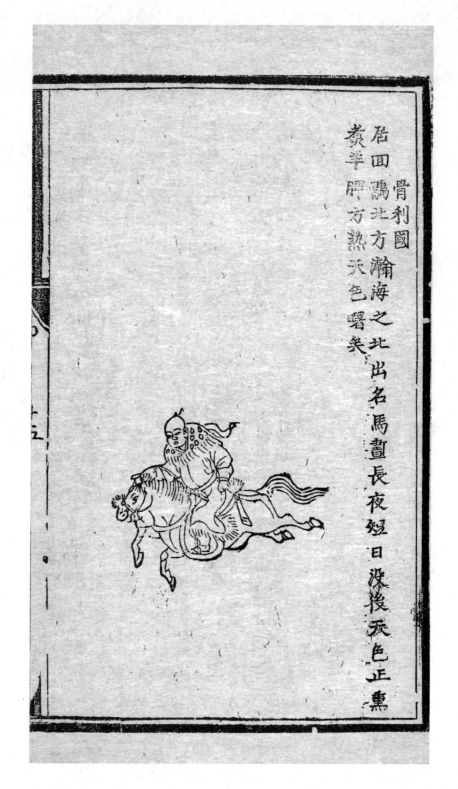

無城池出羊馬似韃靼至應天府馬行十箇月

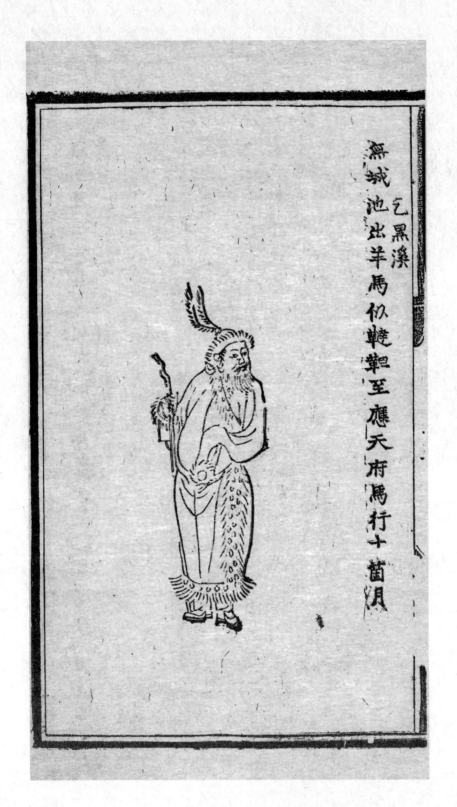

乞黑溪

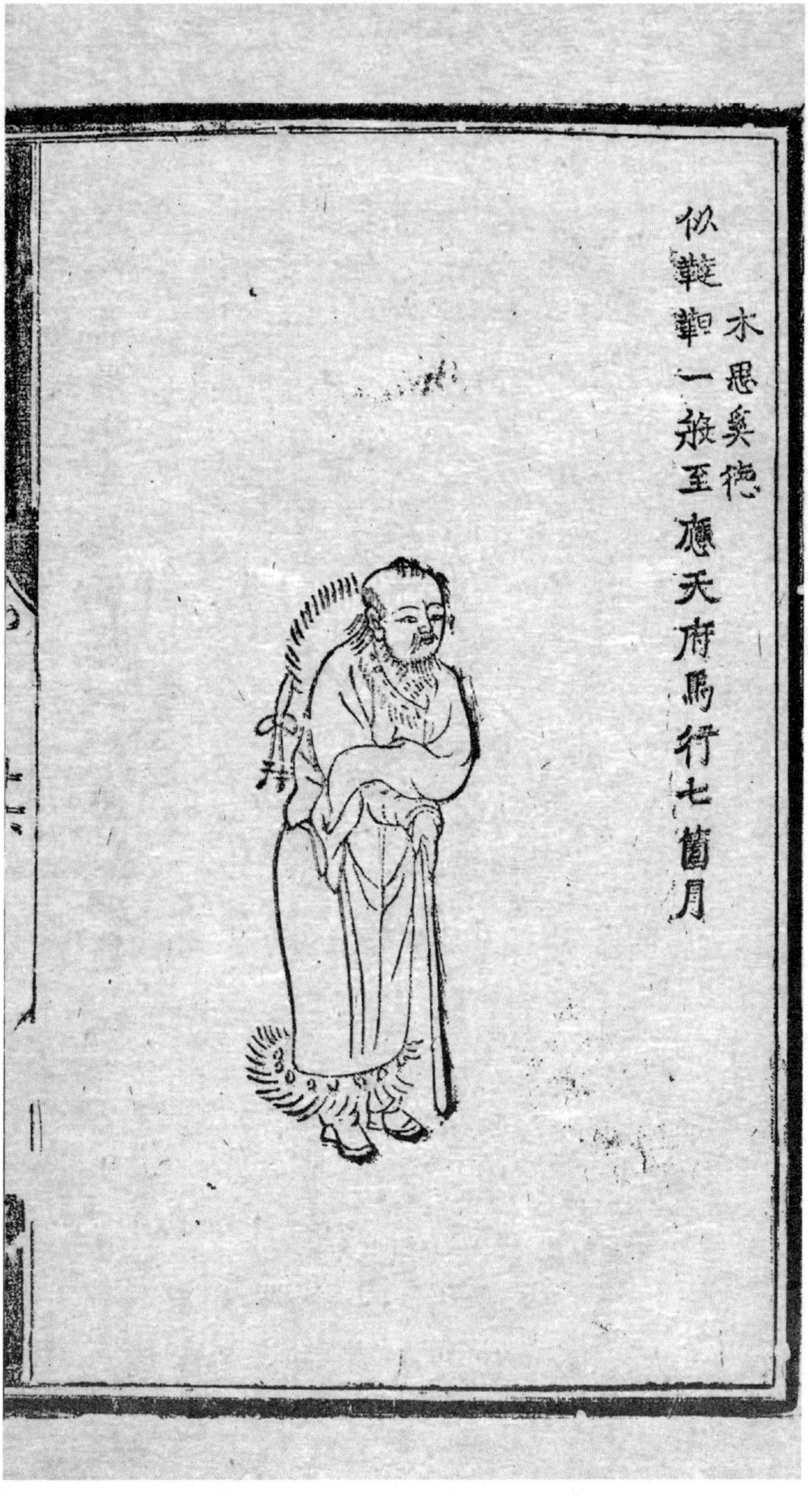
木思奚德
似韃靼一般至應天府馬行七箇月

戚吉里
人多似韃靼言語至應天府馬行四箇月

阿里驕

多人煙盡係山林無羊馬射生打魚為活至應天府馬行七箇月

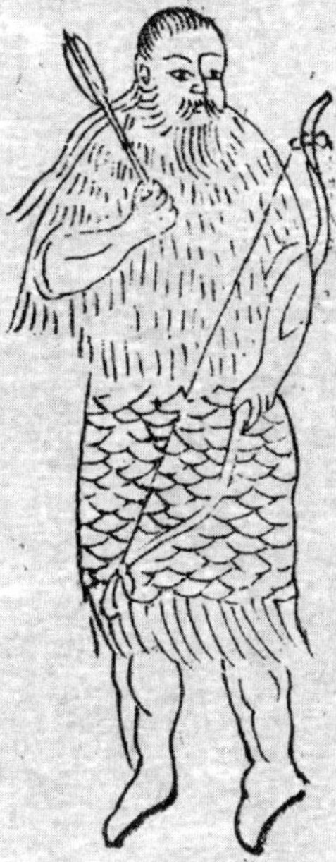

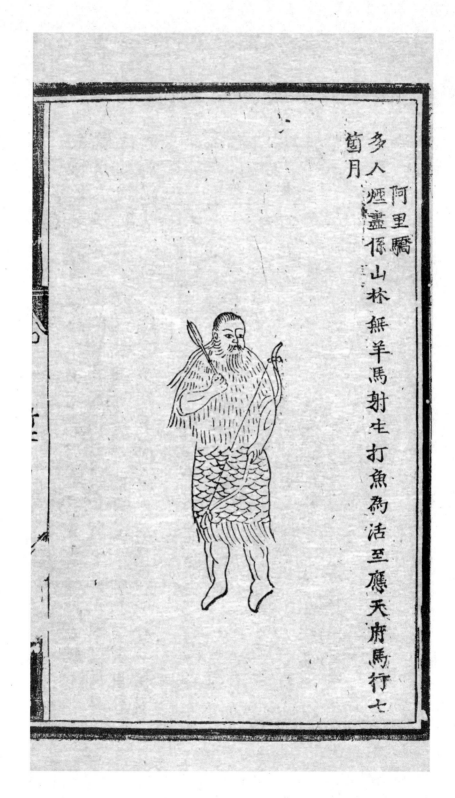

狗國

狗國人身狗首長毛不衣語若犬嗥其妻皆人能漢語衣貂鼠皮穴居食生妻女食熟自佰嫁娶昔有中國人至其國妻使逃歸與筯十餘双教其每走十餘里遺一筯狗見其家物必啣歸其人乃脫則追不及矣至應天府馬行二年二箇月

長毛國

婦人徼王子身生長毛有城池種田至應天府行二年十箇月餘山海經云毛民國在股之北居大海中洲島上爲人短小面皮盡毛穴居晋永嘉曾獲此人

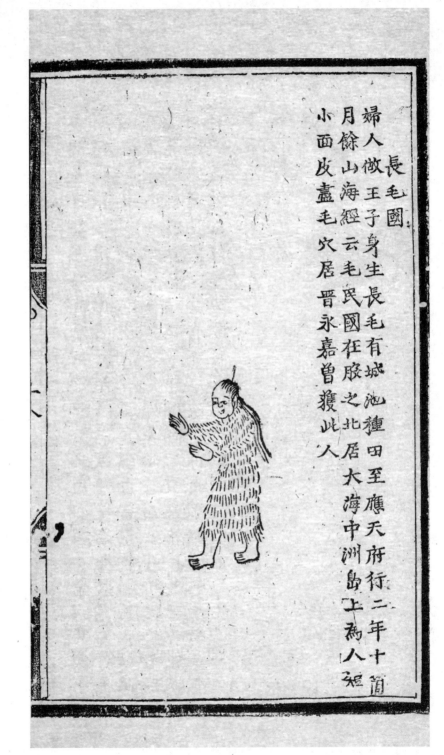

占城國

漢林邑也其屬郡有賔童龍佗陵化州安南三合城其國中歲用錢粮私用奴僕皆安南所出故呼安南為奴境上有兵接銅柱在海西北抵安南今抵真臘自廣州發船順風八日可達國人多姓翁地産名香犀象地皆白沙可耕之地若民為虎鰐所噬以狀詣王王命國師持呪書符投民死所虎鰐自抱若有欺誣之訟官不能决者即令過鰐潭負理者魚食之理直者魚避而勿敢食也

盤瓠

帝嚳高辛氏宮中老婦有耳疾挑之有物如繭以瓠離盛之以盤覆之有頃化為犬五色因名瓠犬時有犬戎之寇募能得其將吳將軍者妻以文瓠犬餓啣入頭詣闕下乃吳將軍之首也帝大嘉欲報之事未知所宜女聞帝下令不可違信因請行帝不得已以女妻之瓠犬負女入南岩室中三年生六男六女其姆復以狀白帝於是迎諸子言侏儷帝賜以名山大澤其後滋漫長沙武陵蠻是也好着名字綫以稽記年月埀時以笄尚天俗刺北斗相傳盤瓠初死置於樹以笄刺之下其後為象略

五子恥其父犬
也謀而殺之

交趾

一名安南其人乃山狙狐犬之遺種其性奸狡剪髮跣足盲目昂喙極醜惡其狀類禰廣人稱為夷鬼貌類人者漢馬援兵之遺也國俗父子不同居共爨凡嫁娶不用媒妁男女自相鳥合以櫝擲為信然後歸家若妻與他人相通即休其前夫令其別娶其國乃占城王遺其少子治其國王子好讀書故其人皆跆襲其風俗累相螢叛自漢中國取之立為郡縣交趾之州刺史後漢復叛馬援平之至五代末節度使吳昌文始僭王號其後皆稱王歷代皆是異姓篡奪東接欽廉恭盧南接占城蘇祋北接邕管東西皆大海西有陸路通白木鑾自欽西南舟行一日可至

老撾國

在安南西北古越裳氏之國人性狼戾但與人不睦則暗下窩弓射殺之獲得一人脚跟以石磨去皮使不能行其地出象產寶金銀凡咀嚼之物從口而飲之類鼻吸而飲

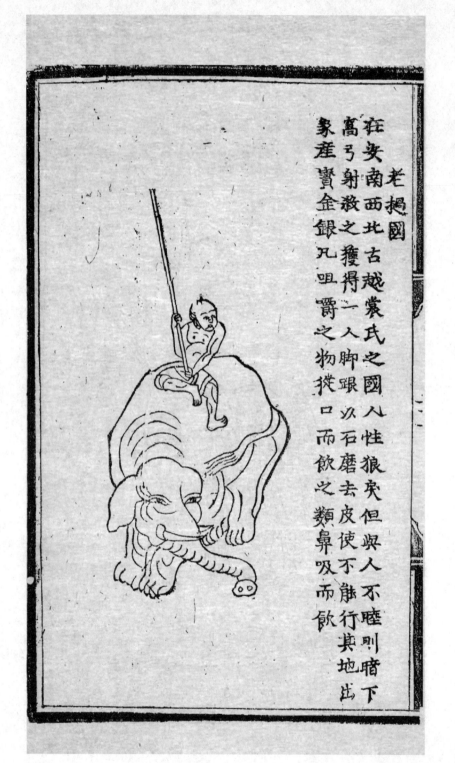

紅夷國

在安南北其人不製衣以綿布渾身纏裹以紅綃纏頭其形類回回安南多以盐貿其珎寶

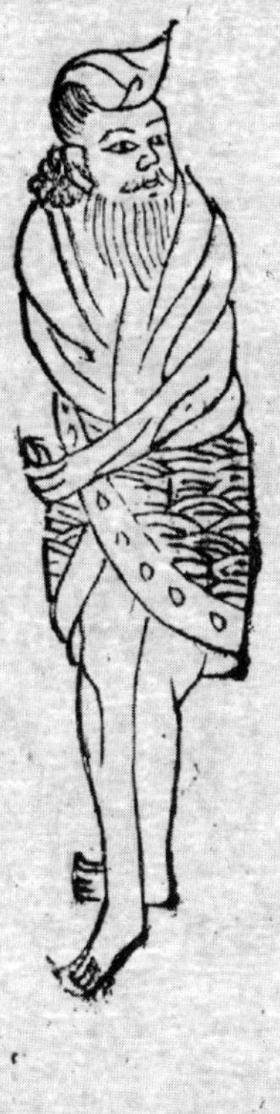

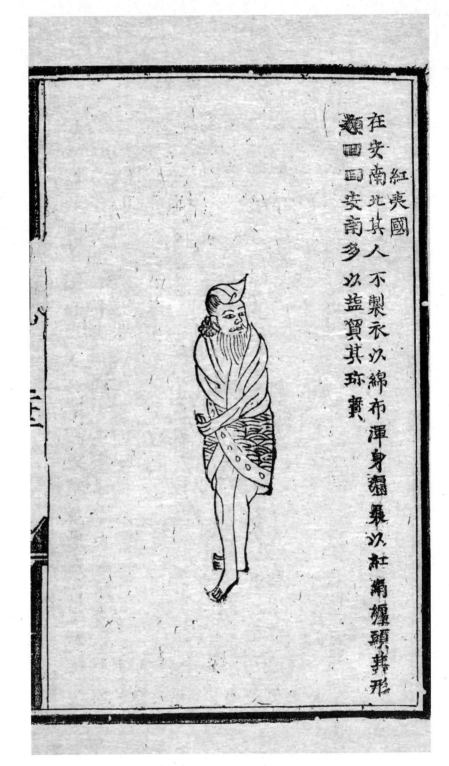

天竺國

類大秦所主立國悉由大秦選擇地產良馬俗皆編髮垂下兩鬢以帛纏頭衫褲鞋襪國內有聖水能止風濤商人等以琉璃瓶而盛之若遇風濤洒之即止

注輦國

西番南印度也自故臨易舟行而去有象六萬皆高屋載勇士以金銀為錢國人尚氣輕生不釜而爨亦不共器而食

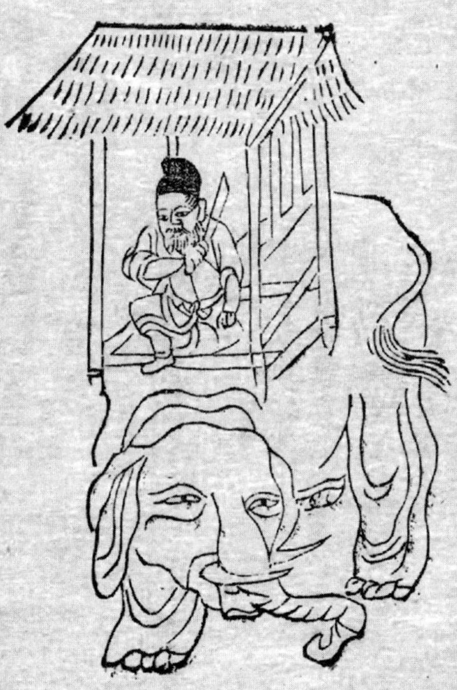

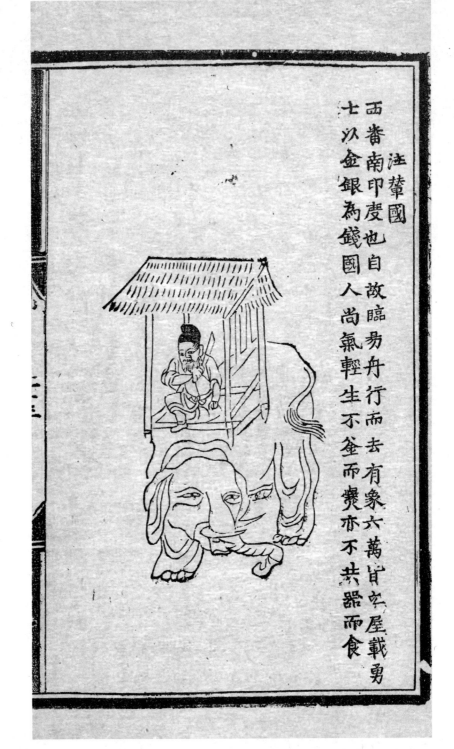

獠

在牂牁其婦人七月生子死則豎棺埋之

木直夷

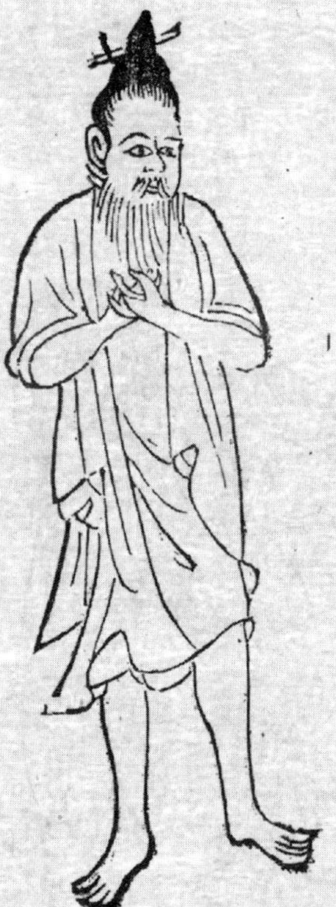

在猶獠西以鹿角為器其死則屈而燒之埋耳後小人類人黑如漆小寒即枯沙自處但出其面

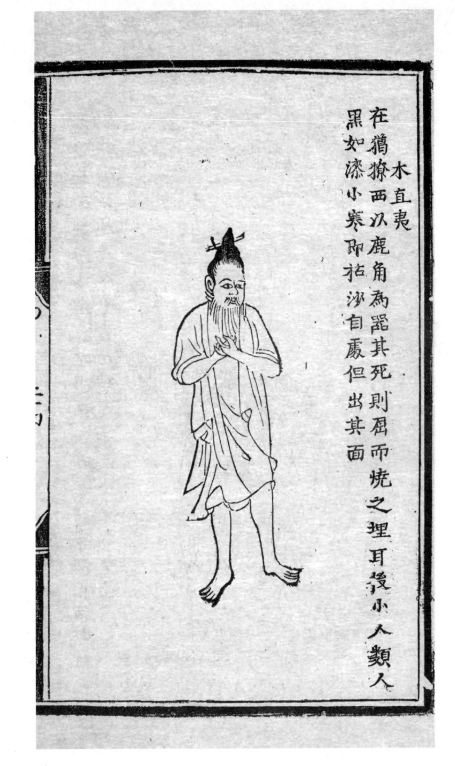

西洋國

國近西南濱海地產蘇木胡椒珊瑚寶石等物所織綿布色細瑩潔如紙其人髡首白布纏頭以金銀為交易

烏伏部國

土神於此化土蟒以濟飢渴又與孔雀三冢雀澹泉以愈衆疾

真臘國

自廣州發船北風十日可到天氣無寒每嫁娶則男女合最可笑事國人生女至九歲即僧誦經作梵法以手指挑損童身取其紅點其額其母亦用點額與為利市如此則其女人嫁人諧好歡洽宜其室家凡女滿十歲即嫁若妻與客合夫即喜自詫云我妻有姿色且巧慧故人所愛國人犯盜則斬首斷腳燒火即胷背黥額犯罪至死則斬或削木杙其尻死令衆以當絞罪番殺害唐人即依番法償死唐人殺番至死則重罰金如無金則賣身取金贖此抵占城旁有西棚等國國中望天一隅有少痕古云女媧氏之所不至也

爪哇國

在東南海島中即古闍也自泉州路發船一月可到天無霜雪四時之氣常熱地產胡椒蘇木無城池兵甲倉廩府庫每遇時氣節國王與其屬馳馬執鎗校武勝者受賞混朋甥罷以為喜傷死者其妻亦不顧市去飲食以杏盛葉手提而食宴會則男女列坐笑喧盡醉凡草虫之類盡皆烹食市價婦人婚娶多論財夫喪不出旬日而適之

道明國

國人不着衣服見着衣即共笑之俗無盐鉄以竹弩射虫鳥

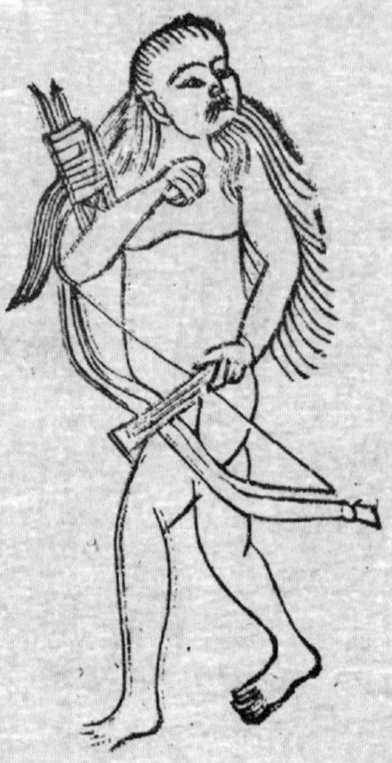

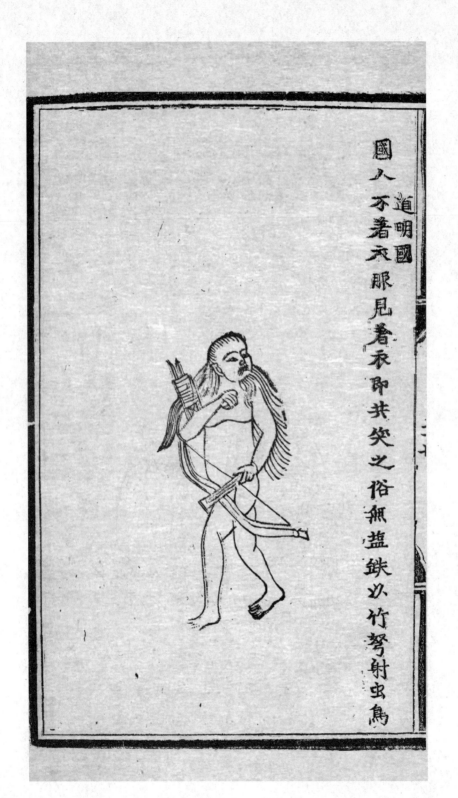

近佛國

在京南海上多野島蠻賊居之號麻羅奴商船至其國群起擒之以巨竹夾而燒之人頭為器父母死則召親戚撾鼓共食其尸肉非人類比也

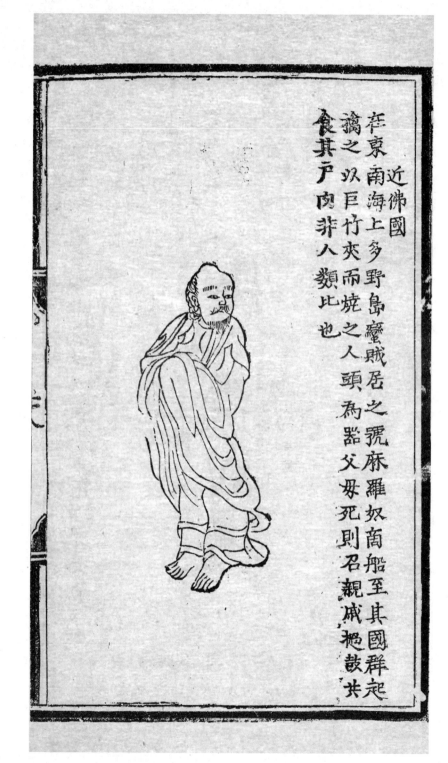

文身國

物至賤行不賫糧王居食以金玉市用珎寶交易

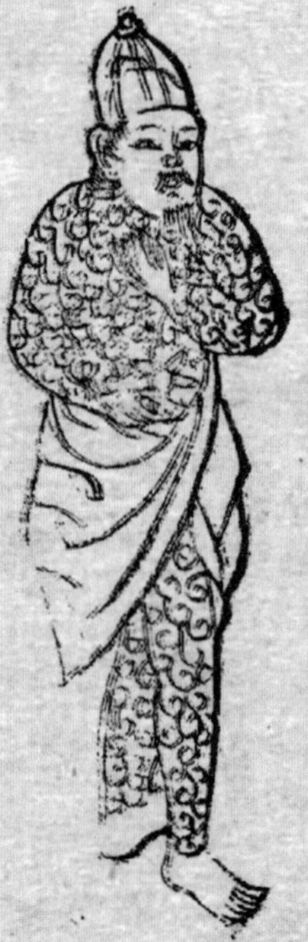

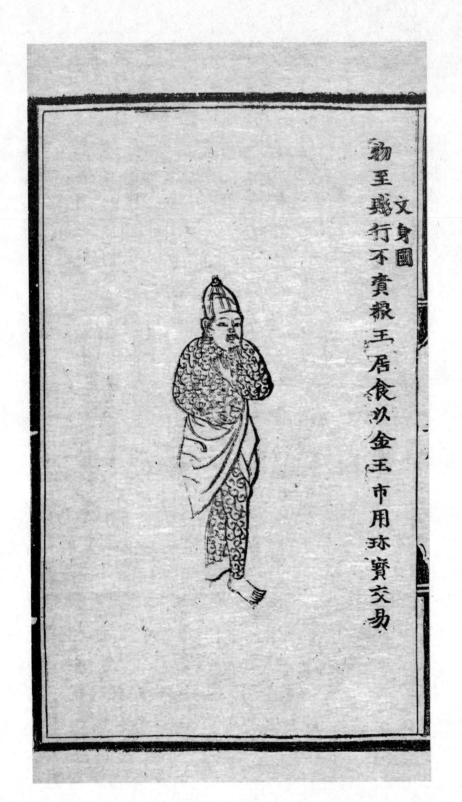

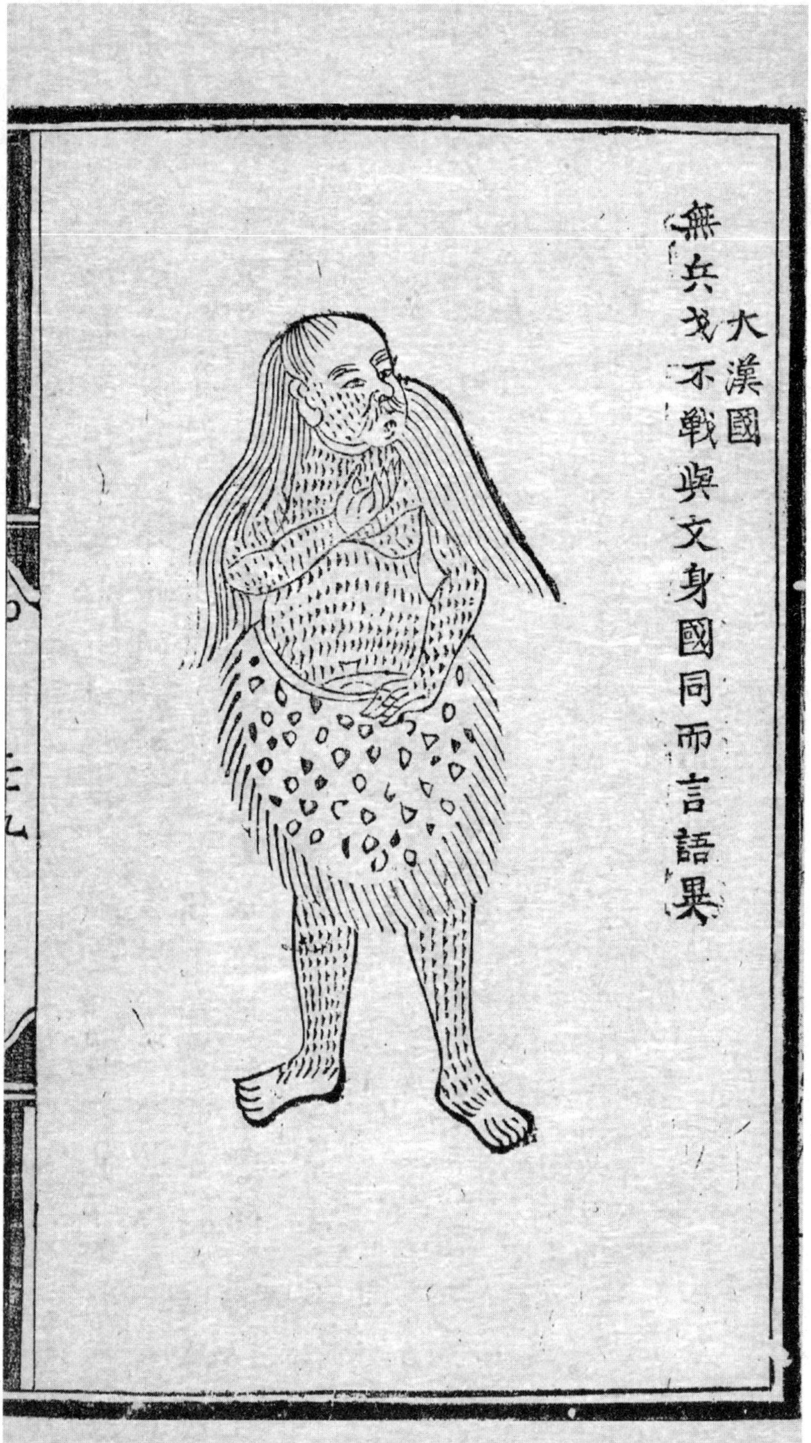
大漢國
無兵戈不戰與文身國同而言語異

三佛齊國

三佛齊國在南海之中自廣州發船最正南半月可到諸番水道之要衝以木作柵為城國人多姓蒲浮水而居官兵服藥刀箭不能傷以此霸於諸國舊傳其國地面忽然穴出牛數萬人取食之後用竹木塞其穴乃絕產犀象珠璣異寶香藥之類

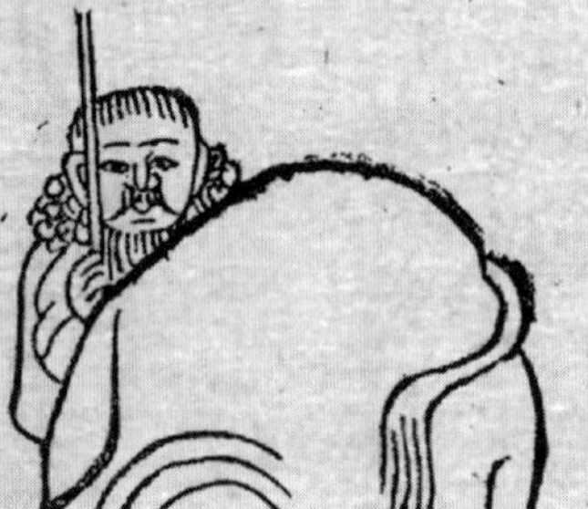

婆登國

在林邑之東西接迷萬國南接訶陵種稻每月一熟有文字以書于貝葉死者以金鉛貫於四肢後加婆律膏及沉檀龍腦積薪以焚之

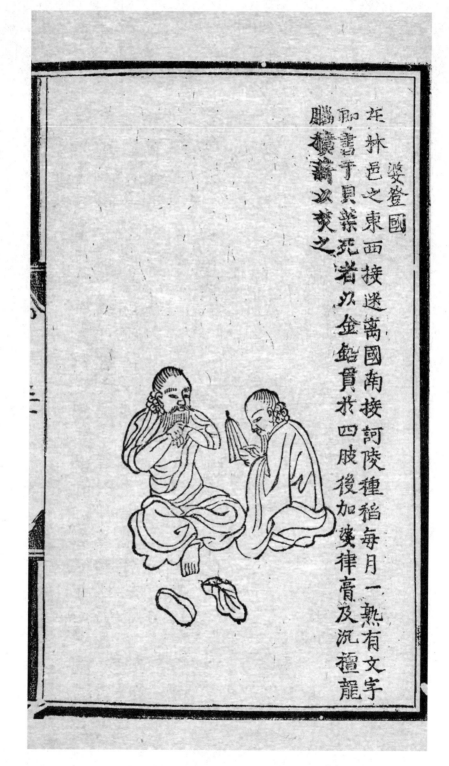

沸羅安國

自三佛齊國風帆四晝夜可到其國亦可尊陸有地主國有
飛來銅神二箇一箇六臂一箇四臂六月十五日生日如有
外國欲來刼奪神廟珠玉至港口遇大風浪作船不可進止
刼商盤而去

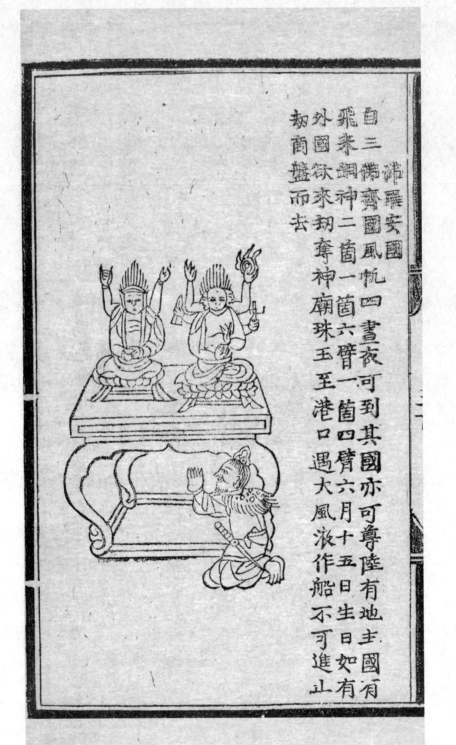

于闐國

婦人衫褲束帶與男子同死者以火化之收骨而瘞也佛書云佛見鷹死於地以沙瘞之後因之以沙為塚數層胡稱曰鷹塔凡人死者其國共瘞一塔各依長幼而瘞居喪者剪髮長四寸從佛涅槃脩其故事亦以沙為塚其徒守家門而居故稱喪門僧稱喪門自此始中國好佛者皆效胡俗加奇巧作七層飾以金彩以求福利

大食勿拔國

邊海天氣煖甚出乳香樹逐日用刀砍樹皮取乳每年春末

一等飛禽自天而降如白鷄鵝肥而味佳有大魚高二丈餘

長十丈餘大不敢食刳骨為油筋骨可作屋拆脊可作門扇

骨節有舂臼又有龍涎成塊泊岸人競取而貨賣

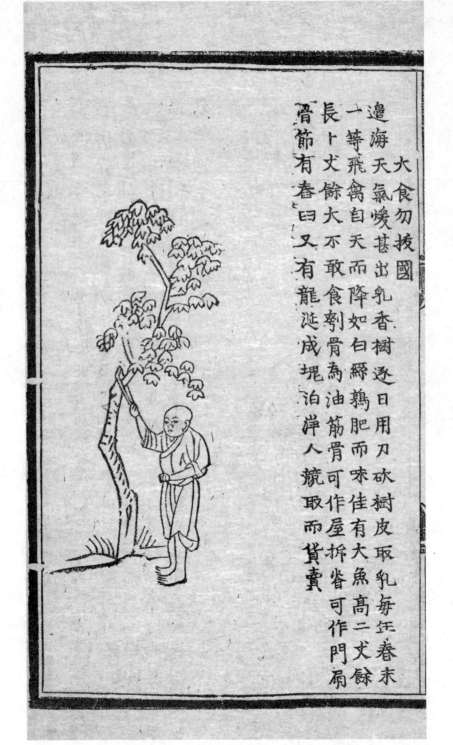

大食弼琶羅國

有州四座主唯土豪更互主事如婚嫁娶有孕生尾為信候牛生犢時始還親須要男家割人尾來以聘禮女家還元割牛尾期信人尾即男子陽物也女家得之甚喜以鼓樂迎之與地產駱駝鶴長六七丈有翼能飛食雜物或燒炭[illegible]與之食生卵如椰子破之如甕有聲國人好獵日[illegible]以

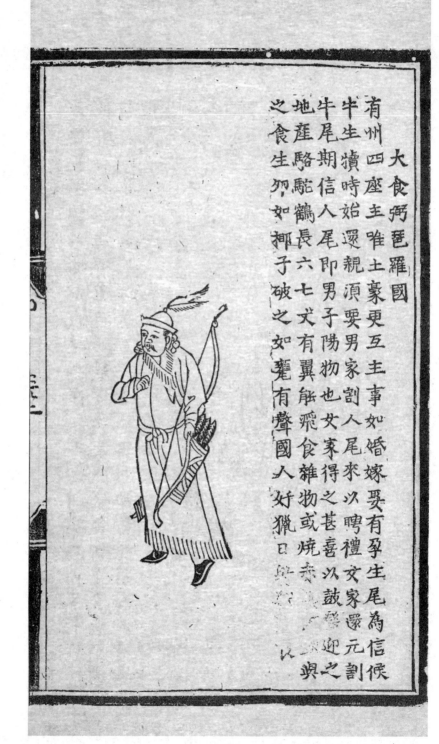

賓童龍國

賓童龍國類占城占城選人作地主出則騎馬或象打紅傘從者百人執盾贊唱曰亞或僕以葉盛飲食椰子酒與木酒歲貢方物於占城佛書言王舍城即此地也今有目連舍基存焉

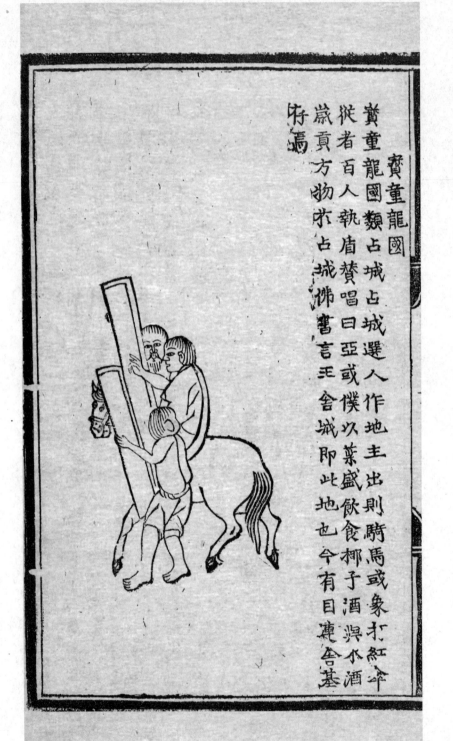

婆羅國

其國男女皆佩刀而行但與人不睦即刺殺之奔走他所一月之內得獲則償命一月之外出者不論若他國人至捫其婦人乳者自喜曰你愛我若有私意即出刃刺殺之

三首國
在夏后啓北真人一身三首

三身國

在鑿齒國東其人一首三身

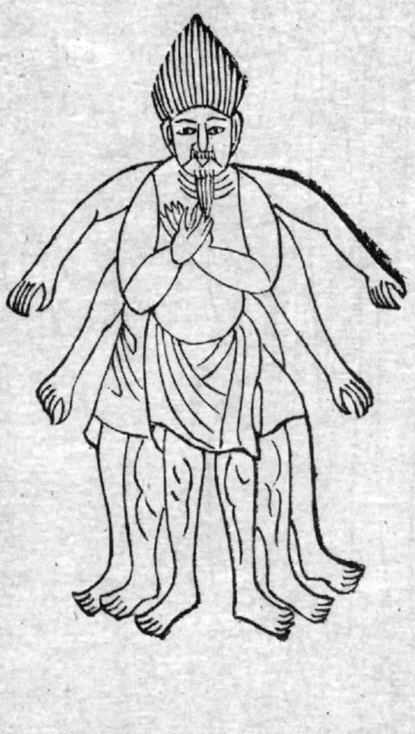

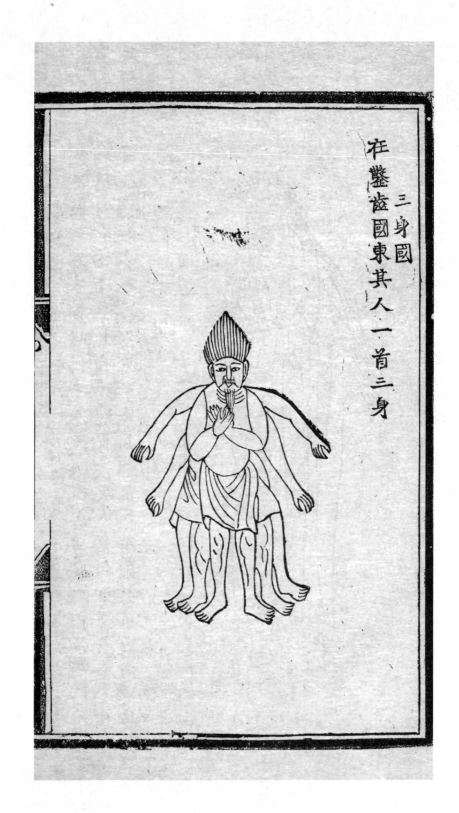

長人國

國人長三四丈昔明州二人泛海値霧昏風大不知所向及稍開乃在島下登岸伐薪忽聞一長人其行如飛二人急走至船離岸長人入海追之逐前部船人弩射之而退方得脫

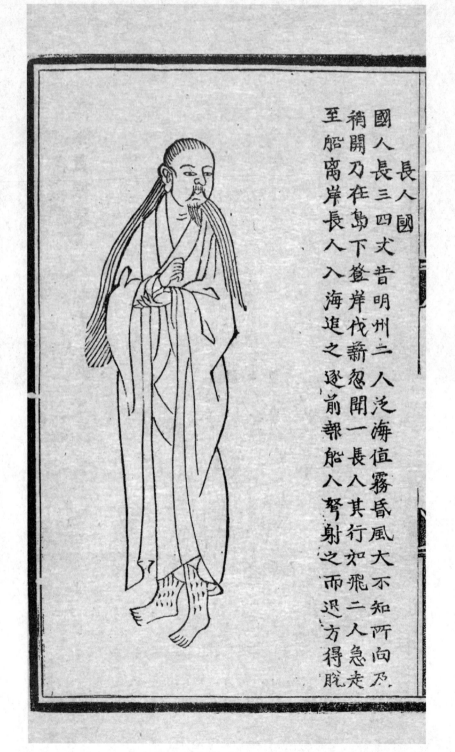

沙弼茶國

前後無人到唯古來有聖祖肓尼曾到遂立文字該載其國係太陽西沒之地至晚日入聲若雷霆國王每於城上聚千人吹角鳴鑼擊鼓混雜日若不然則小兒驚死也

滿甘國

自大理五程至其國自沿褢國六十程至之隔黑水淤泥河西番諸國不可通國王戴金冠金銀飾屋以錫爲瓦用

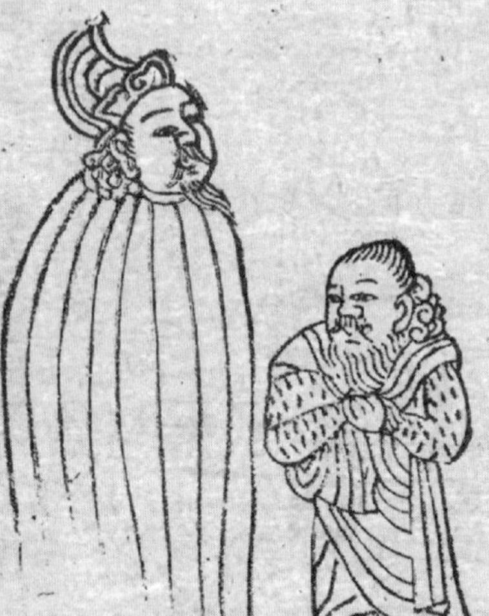

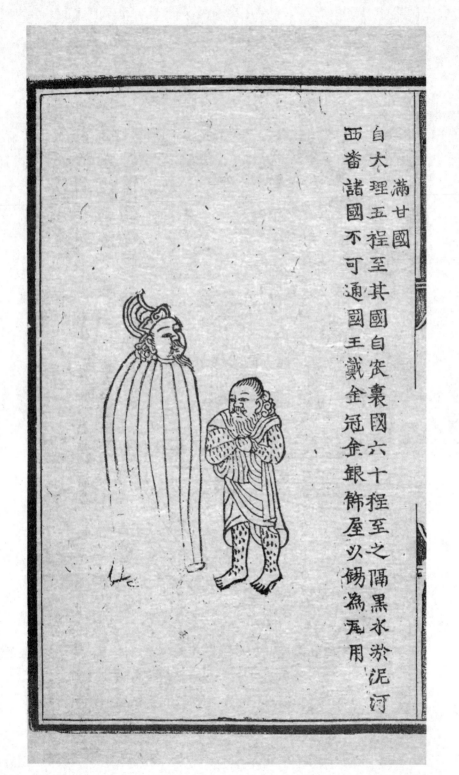

斯伽里野國

近芦眉山上有穴四季山火國人扛大石千百斤納穴中須臾爆出皆碎五年一次出其火流轉海邊復回所遇林木不燒遇石焚之如炭

木蘭皮國

大食國西自巨海之西有國不可勝數大食巨盤所可至者惟水皮耳自陁盤地國發舟正西涉海百日而至一舟容數百人中有酒食肆機杼之屬其國所產麥一粒長三寸瓜圍四五尺稻一顆重五斤桃二斤菜長三四尺穿井百丈方見泉胡羊尾大如扇青則剖腹取膏數十斤再縫而能復活或云善藥線之

崑崙層期國

在西南海上接海上接海島有大鵬飛則蔽日能食駱駝皆有人拾其羽者截管可作水桶有野人身如漆拳髮國人布食誘捉賣與番商作奴

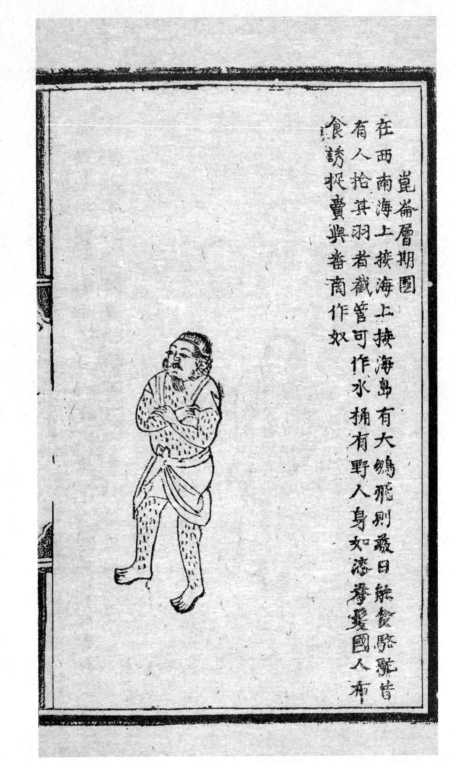

都播國

鐵勒之別種分為三部自相統攝結束不知耕稼多百合取以為粮衣貂鹿皮鳥羽為服國無刑法盜者倍徵贓

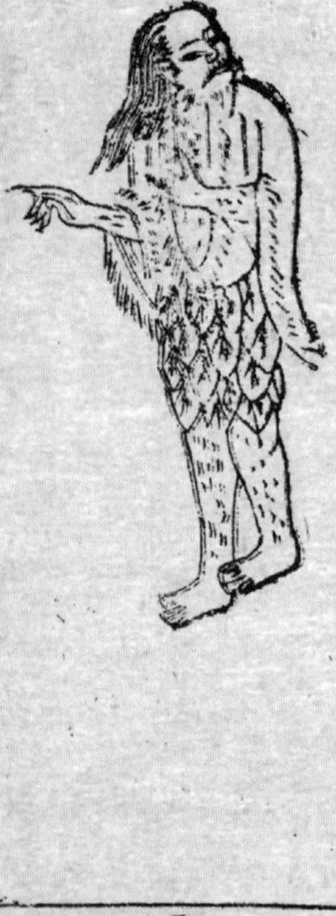

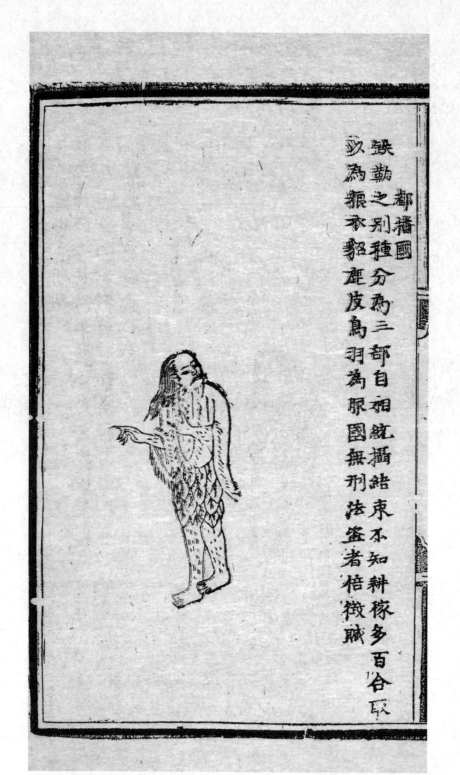

無腹國

在東海南男女皆無肚腹

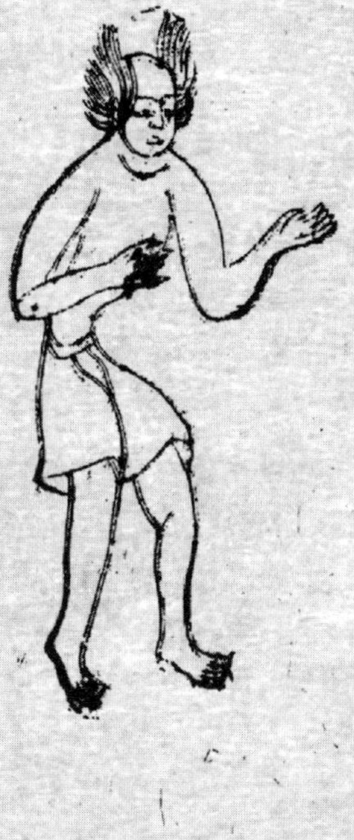

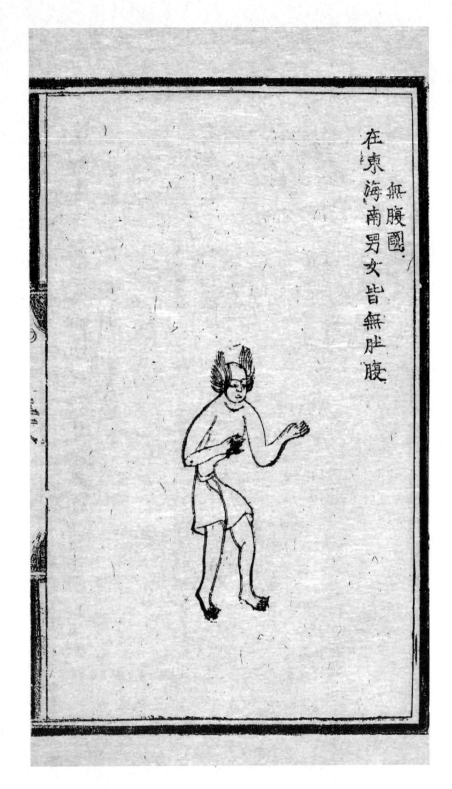

小人國

東方有小人國名曰淨長九寸海鶴吞之

聶耳國

在無腹國東其人虎文耳長過腰手捧耳行

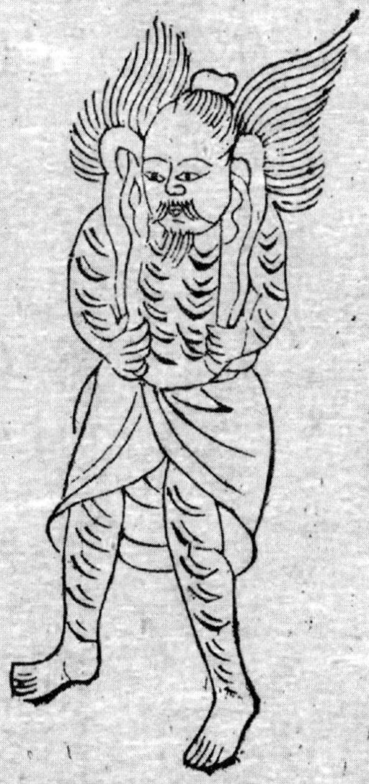

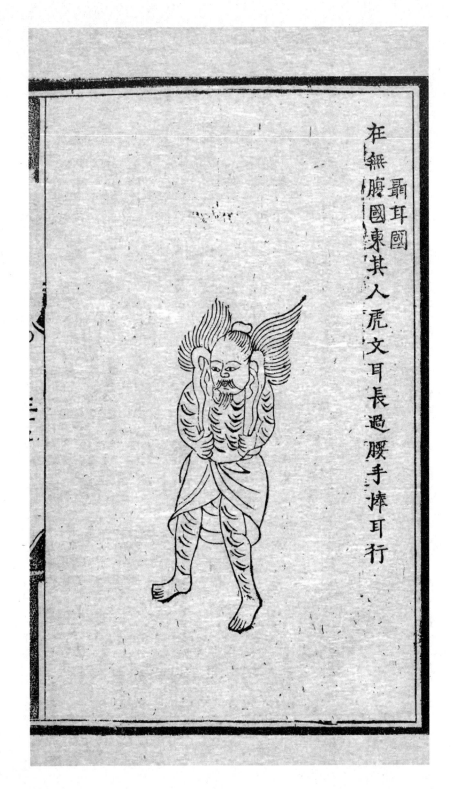

交脛國
國人交脛曲戾而相交也

長臂國

在海之東人垂手至地昔有人在海得一布袖長丈餘

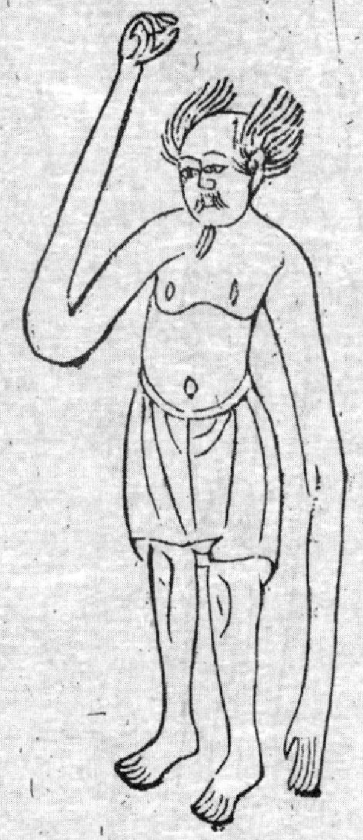

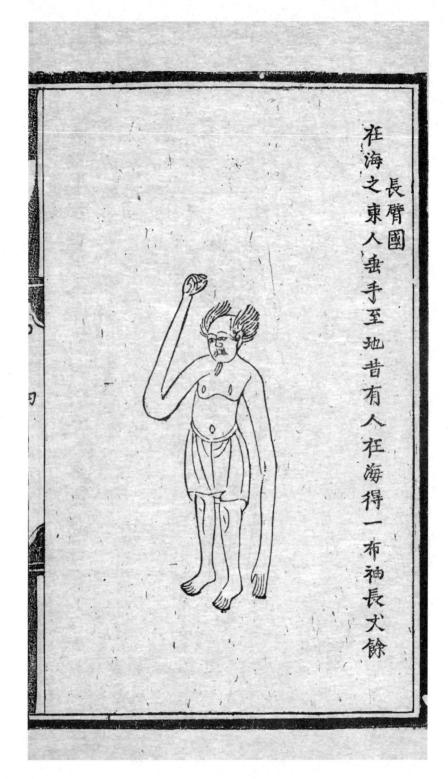

長脚國

與長臂國近其人常負長臂人入海捕魚

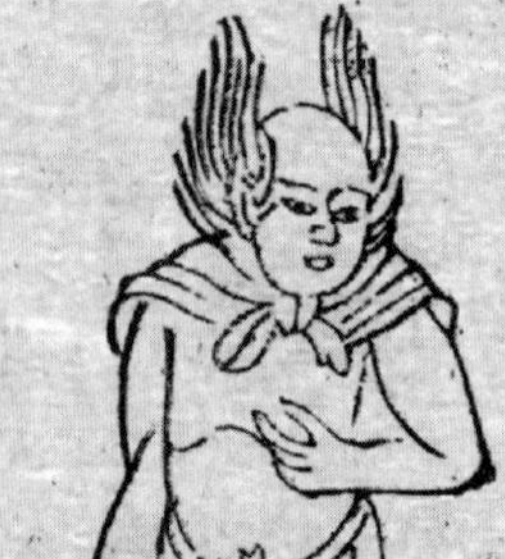

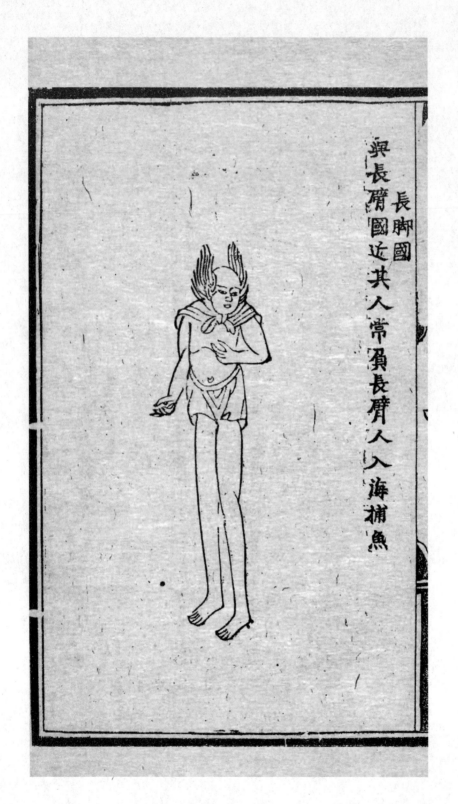

在盛海東胷有竅尊者去衣令卑者以竹木貫胷擡之

穿胷國

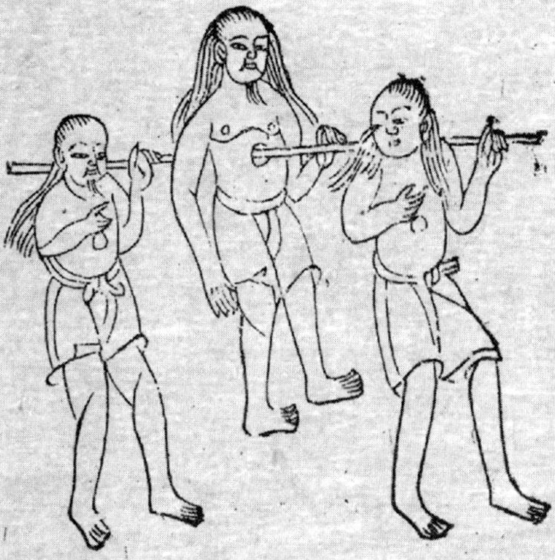

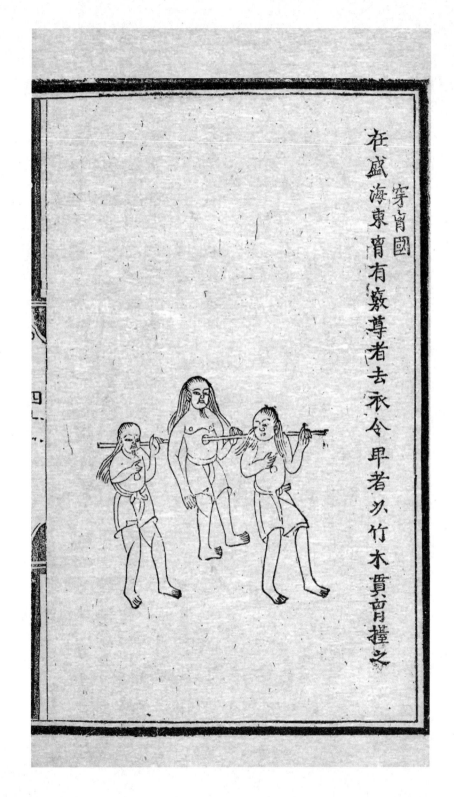

女人國

在東南海上東流數年一泛蓮開長尺許桃核長二尺昔有人船飄落其國群女攜以歸無不死者有智者夜盜船得去遂傳其事女人遇南風裸形感風而生又云有奚部小寒者部抵界其國無男照井而生

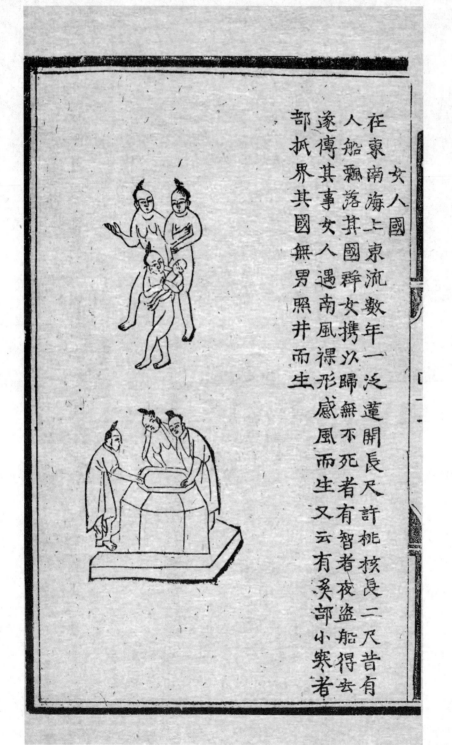

利國

國人曲膝向前一手一足山海經云在一目國東

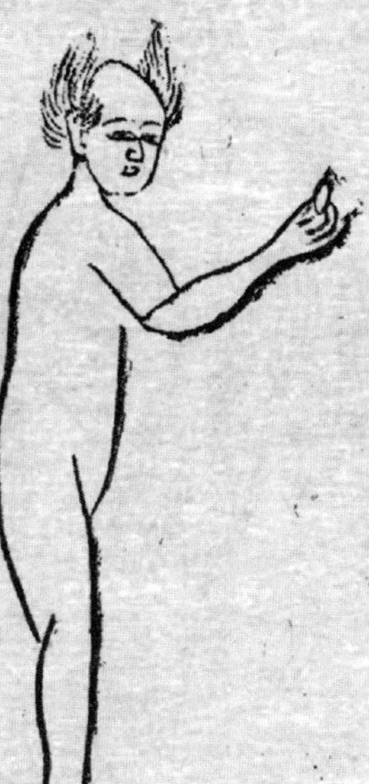

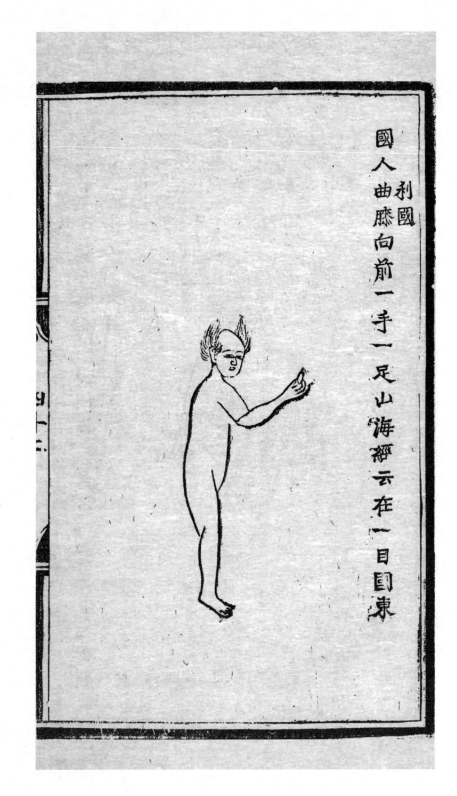

羽民國

在海東南崖巘間有人長頰鳥喙赤目白首身生毛羽能飛不能遠似人而卵生

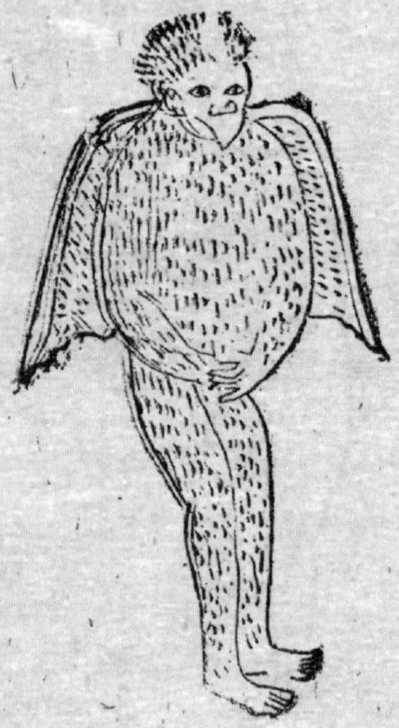

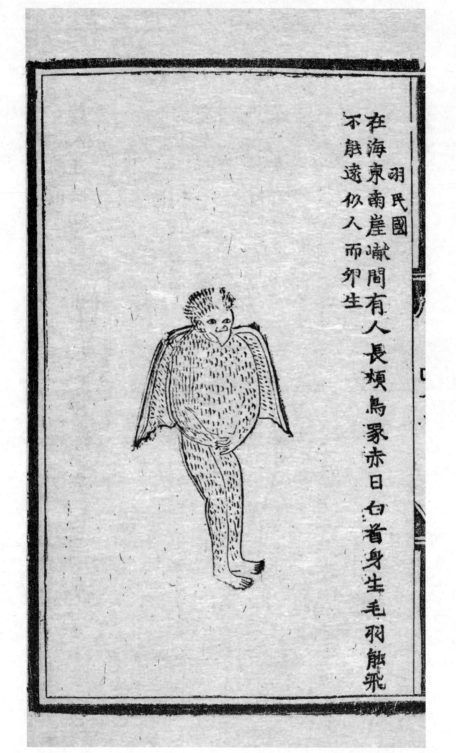

沙華公國

其國在東南海中其人常出大海劫奪人賣之於闍婆國

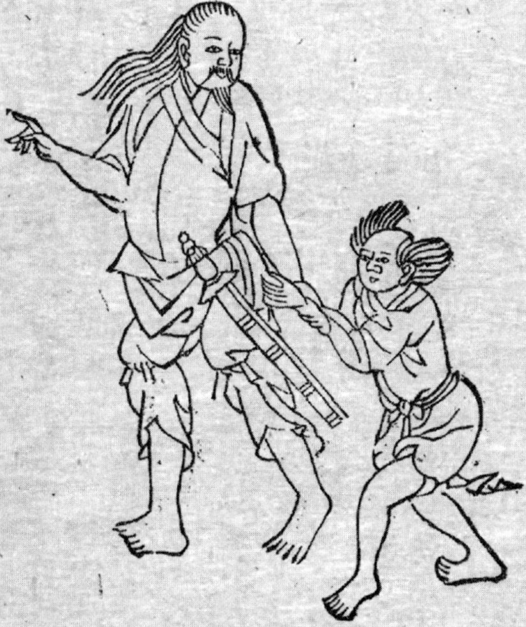

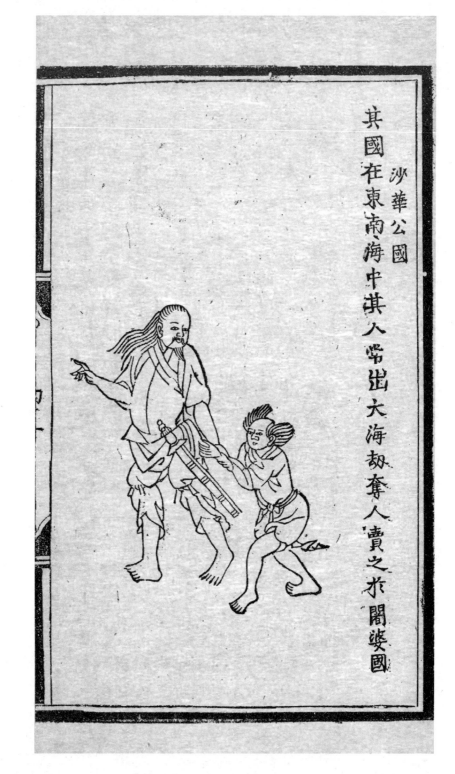

蒲家龍

在東南西下岸廣州發船順風一月可到國王作髻腦後人民剃頭以椰子漩木漿為酒其色紅白而味極佳出胡椒檀香沉香丁香白豆蔻

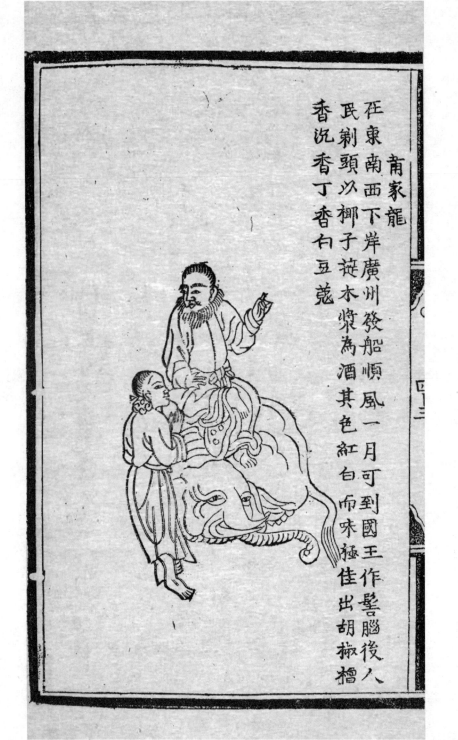

頓遜國

梁武帝時入貢方物國在島上人將死親戚歌舞送于外有鳥如鵝飛來萬數家人避之其鳥食肉盡乃去即燒骨沉水謂之鳥葬

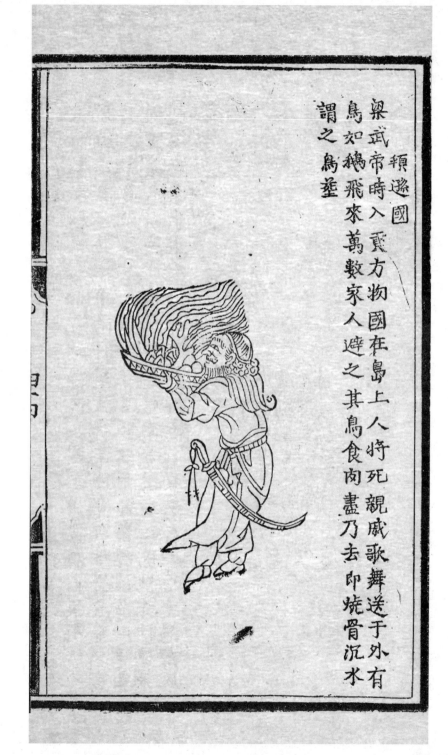

大闍婆國

從莆家龍風帆八日可到舊傳其國王孫雷震名裂有一人出後立為王其子孫尚存產藍綿羊鸚鵡珎珠寶貝等又言其國中有飛頭其人魚瞳子其頭能飛其俗所祠名曰虫落因號落民漢武帝時因墀國使南方解形之民能先使頭飛南海左手飛東海右手飛西潭至暮頭還肩上兩手遇疾風飄於海水外

白達國

其國王弗露麻勿之子孫諸國用兵不敢侵犯豪民多穊食酥酪餅肉少魚菜產金銀玻璃等物人以雪布纏頭上

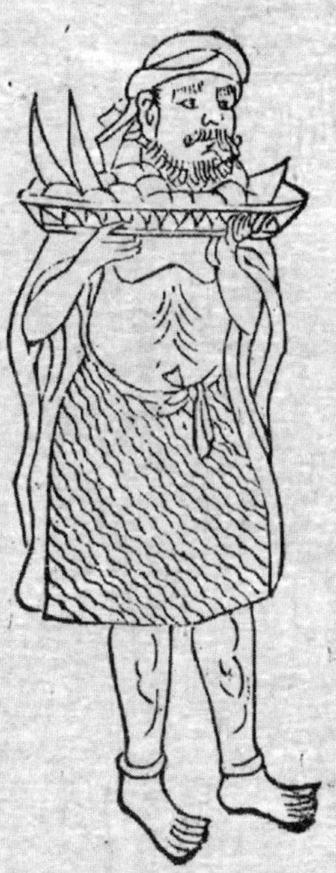

吉慈尼國

皆大山圍遶盤山為城禮拜堂百餘所出金銀絲綿富民居住七層樓閣多畜牧駞馬城及寒青下雪不消緣近西北

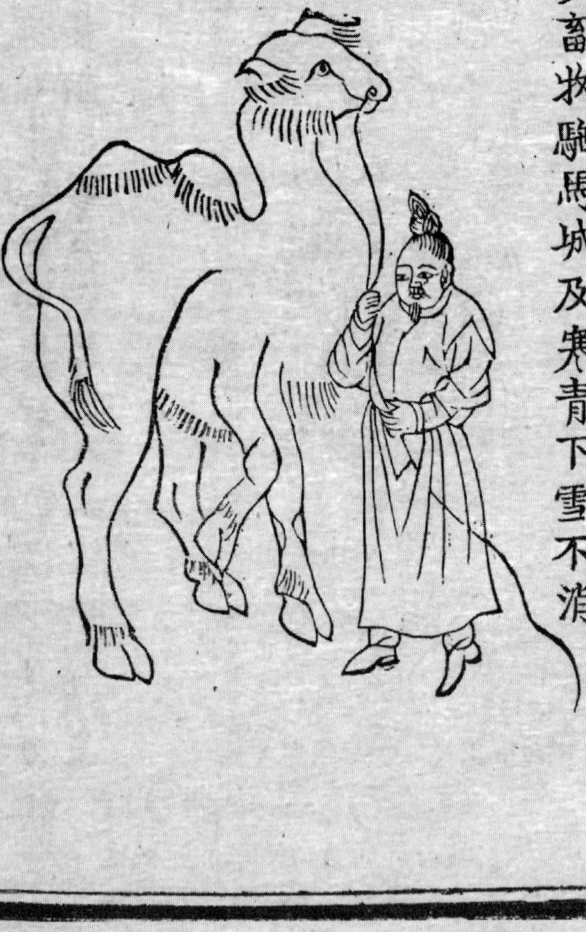

阿逢國

多獵虫鹿部其肉重疊之以石壓瀝汁稅波斯拂林等國米及草子釀於肉汁之內經數日成酒飲之可醉

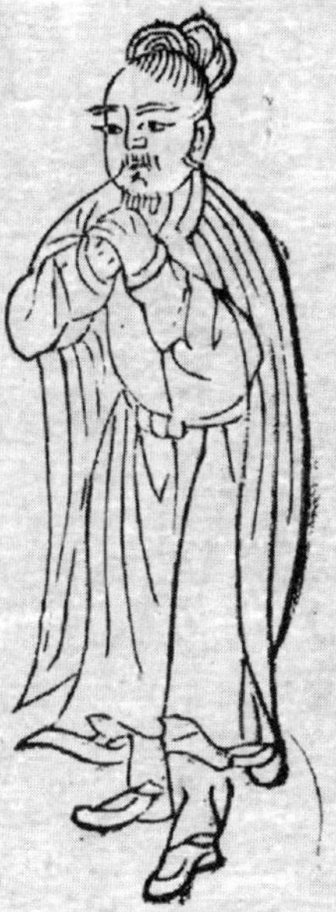

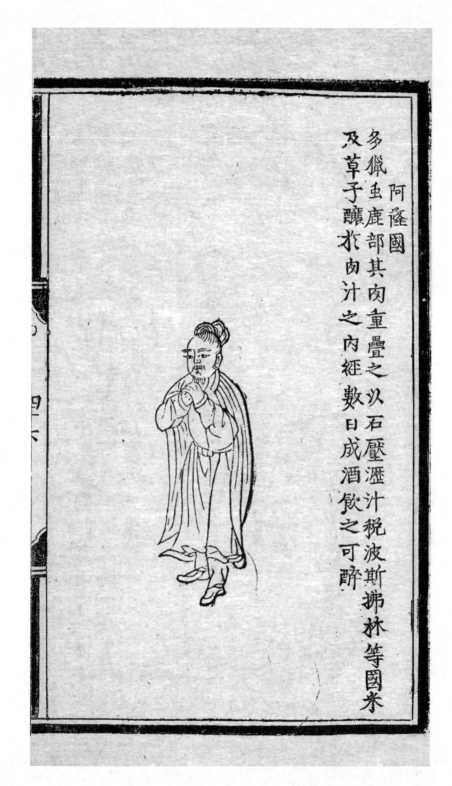

婆彌爛國

去應天府二萬五千五百五十里此國西有山巉岩陡峻上多猱猱形絕長大常暴種每年有二三十萬國中起青巳後合集兵與猱戰雖歲殺萬不能盡其穴巢

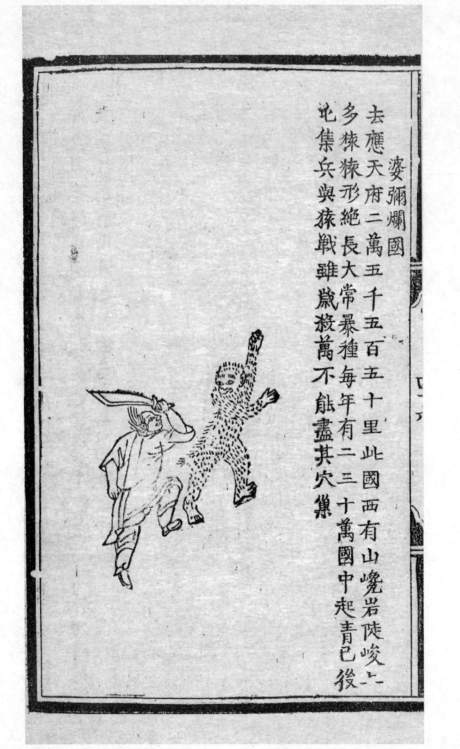

麻離拔國

自廣州發船乘北風四十日至地名藍里博買蘇木白錫長白藤住至次年冬再乘北風六十日方至其國産異香龍涎珎珠玻璃犀角象牙珊瑚木香沒藥血竭阿魏蘇合香沒名子等貨皆大[illegible]勿官豪以金綿挑花帛纏頭以金銀為戒

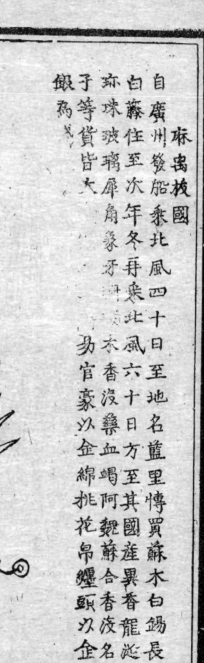

單馬國

廣州發船自真臘國起風帆十晝夜可到其國有地主無王

宋朝慶元二年進三蠸金傘一柄

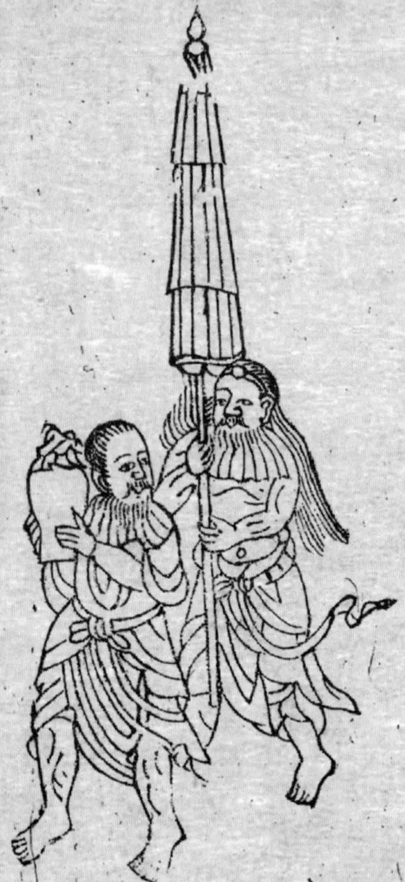

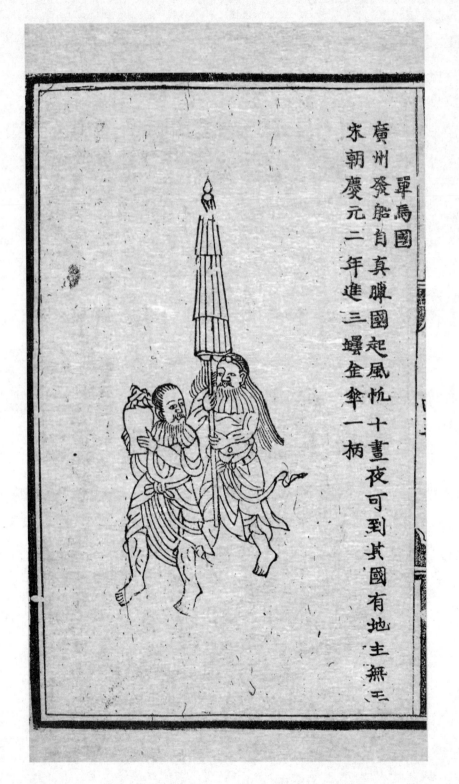

繳濮國

在永昌郡南千五百里國人有尾欲坐則先穿地作穴以安

其尾如或誤折其尾卒然而死矣

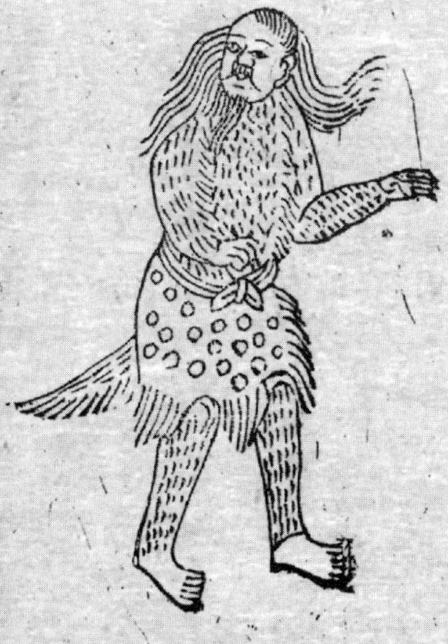

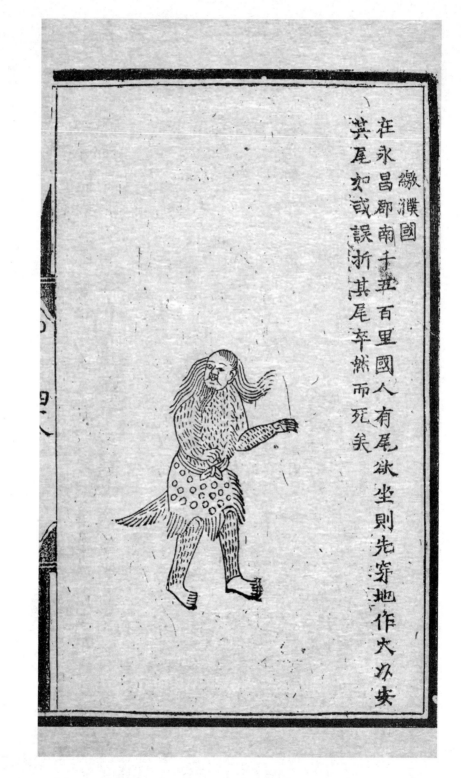

大秦國

西方諸國之都會也番商萃此其號麻羅弗以布帛出金字纏頭地產珊瑚生金花綿緞布紅瑪瑙珠等物也

東印度國

係西番人性強獷好殺伐以戰為吉利以善終為不祥昔周伯陽父惡其兇殺出關化之作浮屠令其內外剪除不傷形體名曰浮屠至周莊王九年四月八日恒星不見星隕如雨是夜釋氏生號脩伯陽道國人宗之名曰佛盖佛者如中國稱神彼皆稱佛其次曰菩薩至漢明帝時其法流入中國晉明帝時其法大行其國種類繁盛無鰥寡獨世俗奉其教者皆願生西方故也至應天府馬行五箇月

孝臆國

周三千餘里在平州中以木為柵周十餘柵內百姓二千餘家周圍大柵五百餘所氣候常熱冬不凋落宜羊馬無駝牛俗性質朴軀貌長大蹇鼻黄髮緑眼赤鬚披髮面如血色戰具惟矟一把宜五谷出金鐵衣麻布舉俗事妖有祠三千餘所馬步甲兵一萬不尚商販自称孝臆人丈夫婦人俱佩帶每每日造食一月食之常喫宿食乃建國無井及河澗所有種植待雨出而生以紫鑛泥地承雨水用之穿井即苦海水又鹹土俗潮落後平地為池收魚以作食

奇肱國

人能為飛車從風遠行湯時奇肱人以車乘西風至豫州湯破其車不以示民後十里東風至乃使乘車復帰其國去門之西一萬里

阿陵國

金遼山廟有石龜如人飲食將盡向龜作禮則飲食悉具

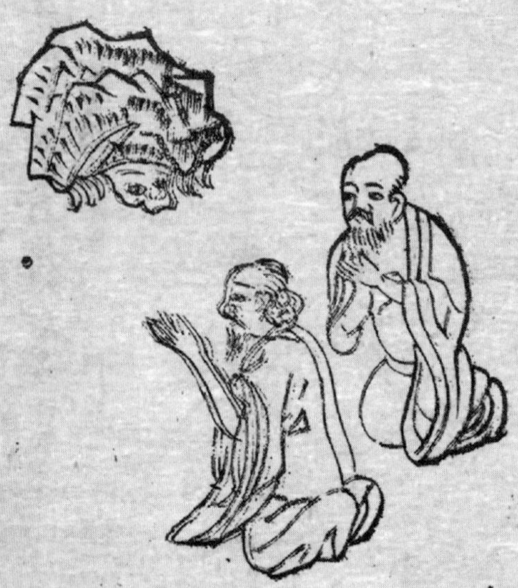

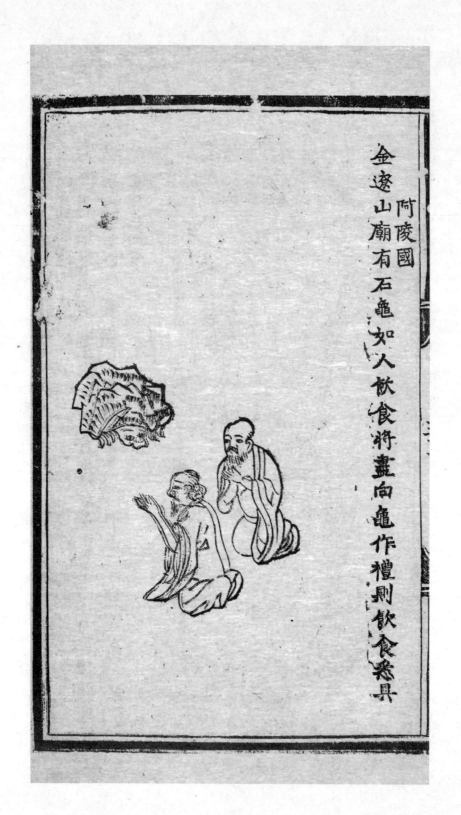

眉路骨國

有城七層上古用黑光石砌就有番人塚三百餘所語稱曰一所高三十二丈安三百六十房人以毛毯為衣肉麵為食金銀為錢地產砂摩石等物

藏國
有城池屋舍地産大柳木至應天府行一年二箇月

麻嘉國

自麻离西有陸行六十餘程此是土神麻霞勿出世處其國稱神為佛每年各處皆禮拜廟後有神墓日夜常有光人不敢近皆合眼而走也

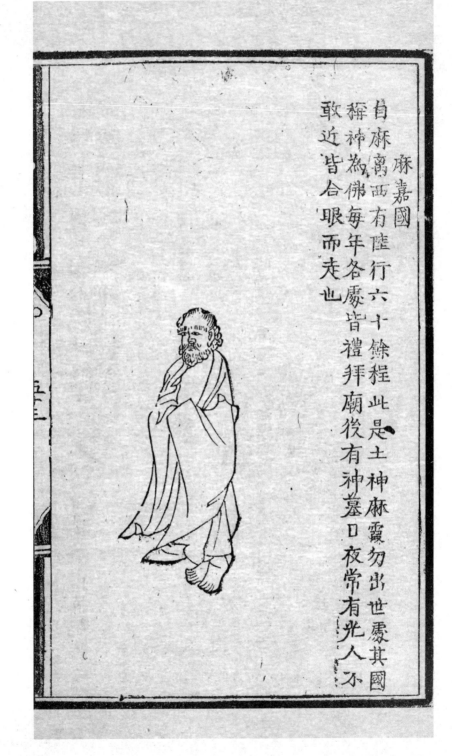

黙伽臘國

有國主出珊瑚樹人用繩縛十字木以石沉水中棹船拖索而取謂鉄網取珊瑚

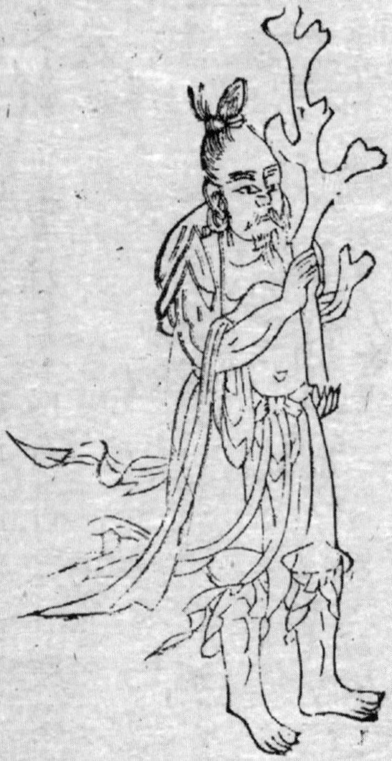

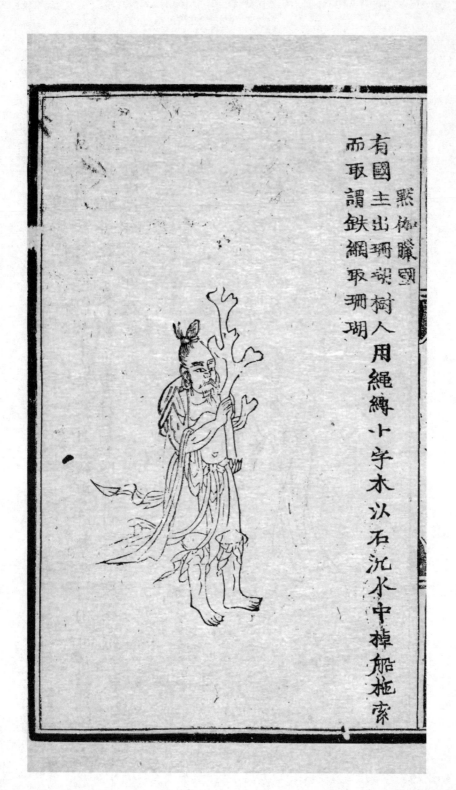

故臨國

與大食相近廣船四十日至藍里再一月方到國人黑色斫事弓弩中國往大食畢自故臨易小舟而去往返二年

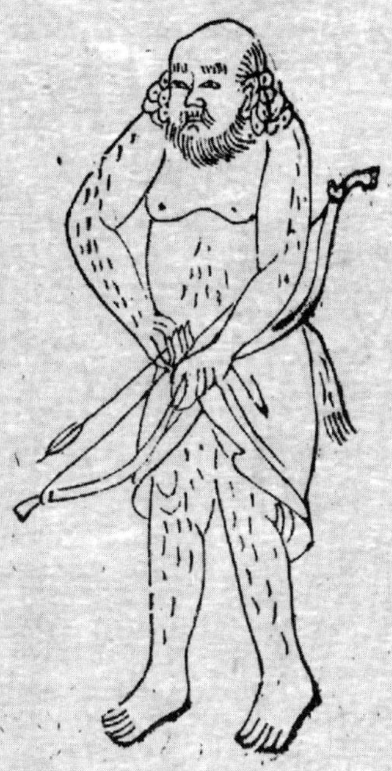

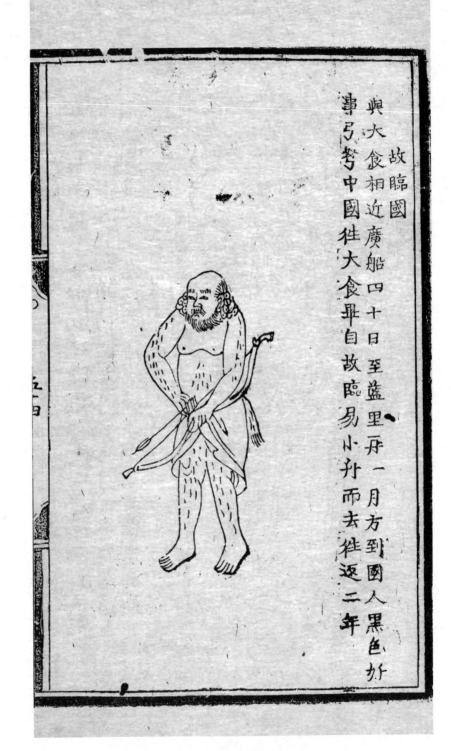

大食國

在海西南一千里居山谷間有樹枝上花如人首不解語人借問惟笑而已頻笑則凋落大食諸國之總名有國千餘其屬有麻離拔白吉達慈尼眉落滑勿斯里餘未及知

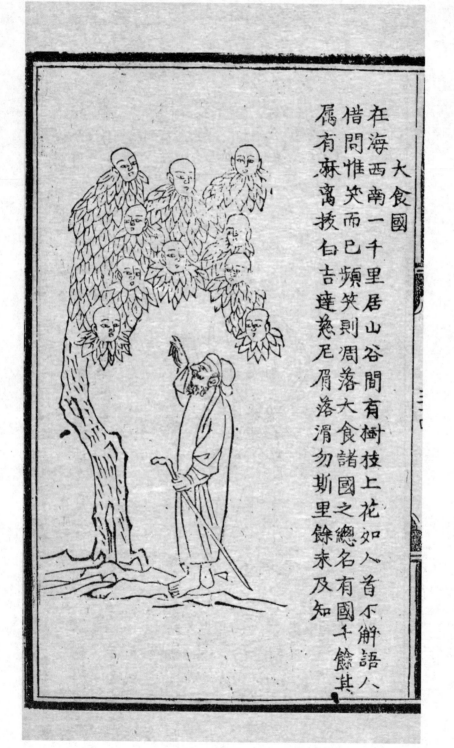

三蠻國

民食土死者埋之心肺肝皆不朽百年後化為人一說無啓國民相類

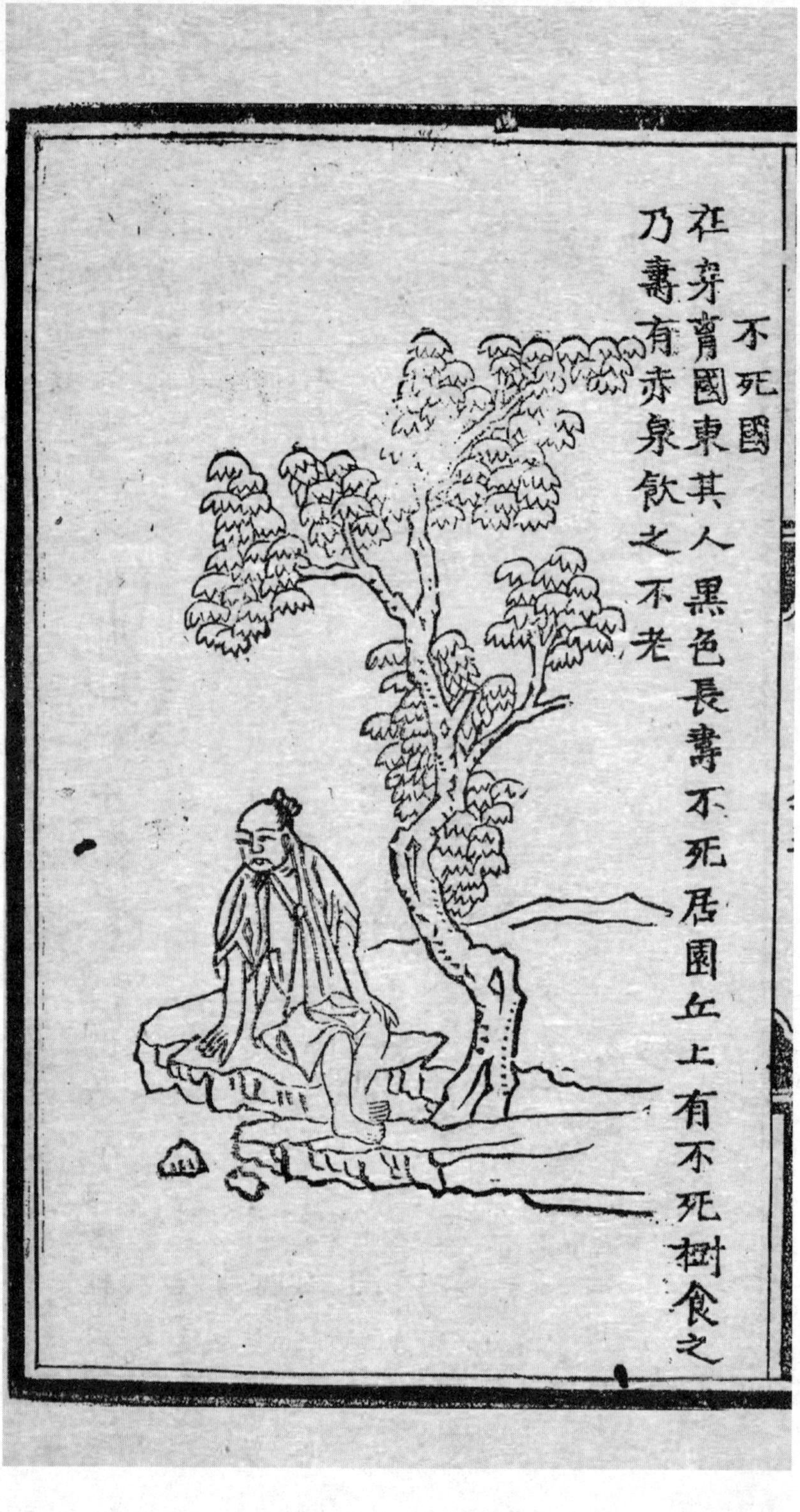
不死國
在穿胷國東其人黑色長壽不死居圓丘上有不死樹食之
乃壽有赤泉飲之不老

登流眉國

屬真臘選人作地主權髻纓帛纏身每朝番王出座名曰登場衆番皆拜罷坐交手抱兩膊為禮如中國抄手也

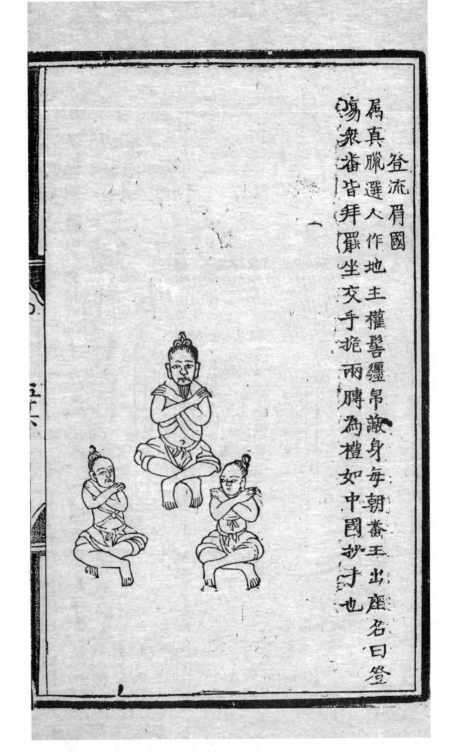

訶陵國

在真臘國南竪木為城造大屋重閣以椶皮盖象牙為床栁花為酒以手撮食有常毒人同宿即生瘡與女人交合必死於湘着草木即枯

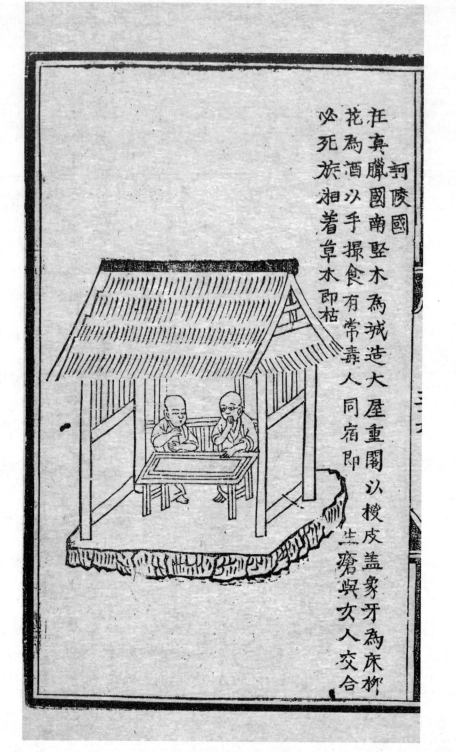

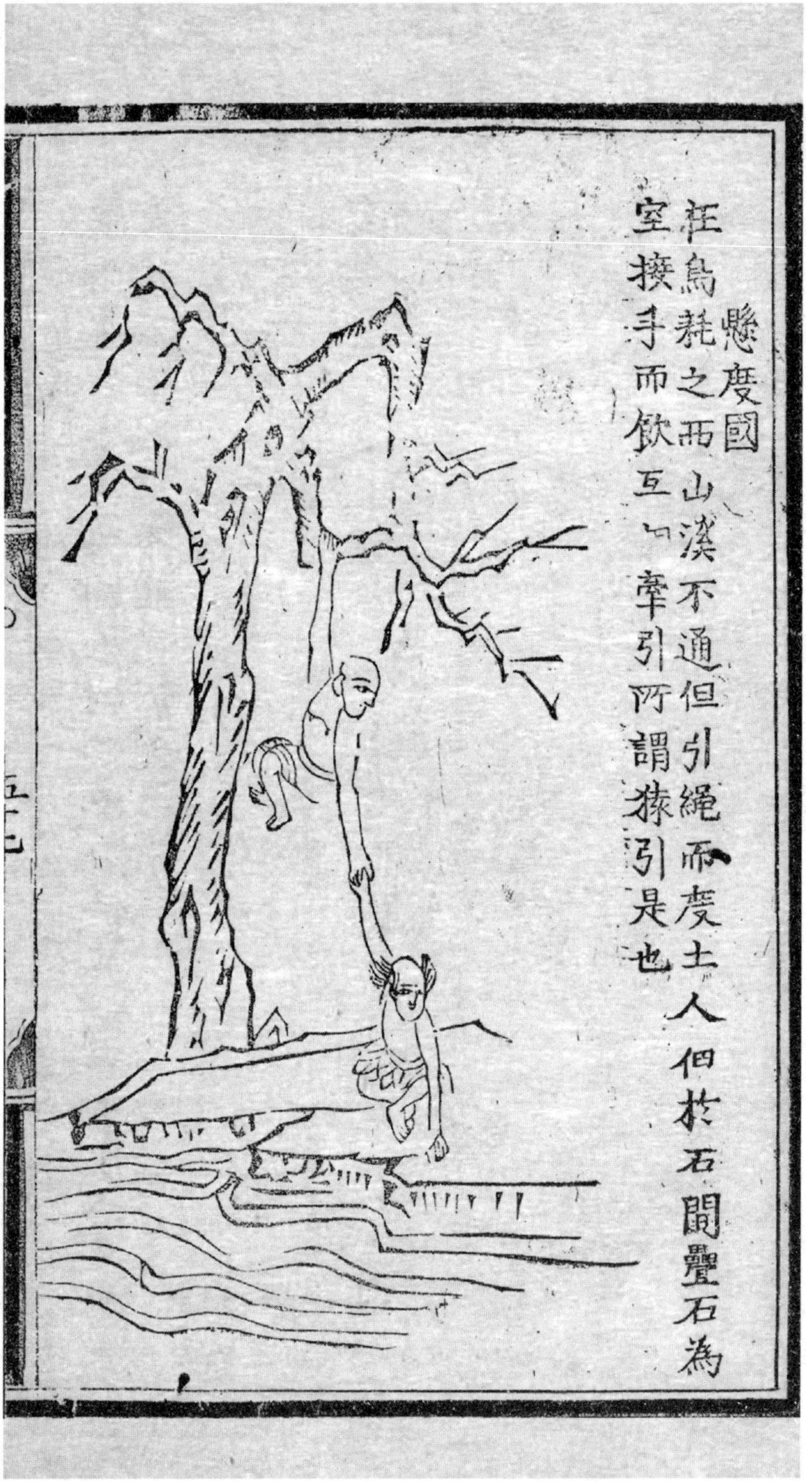
懸度國
在烏秏之西山溪不通但引繩而度土人佃於石間壘石為
室接手而飲互〻牽引所謂猿引是也

烏萇國

民有死罪不立殺刑唯徙之地山任其飲啄事涉疑以藥服之清濁自驗隨事輕重而論之治

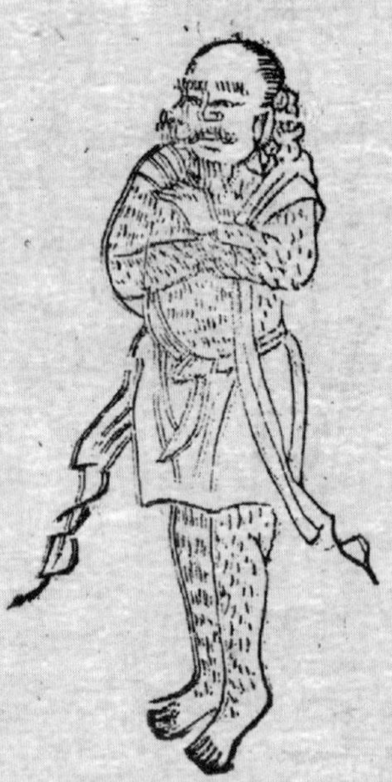

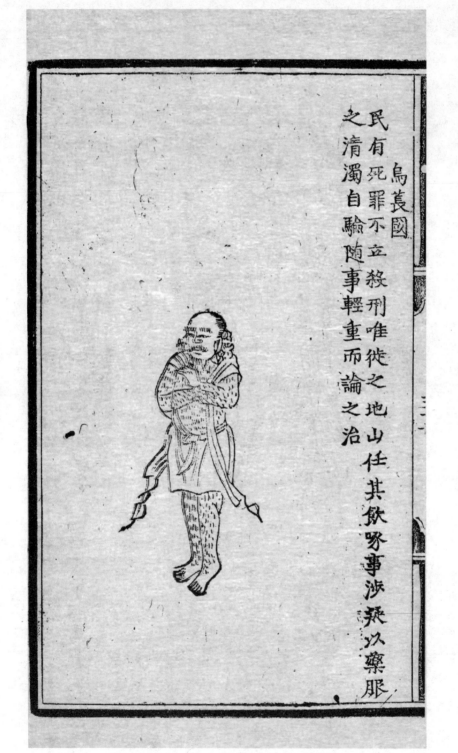

撥拔力國

在西南海中不食五谷人止食肉常針牛畜取血和乳生食之身上無衣唯腰下用羊皮掩之

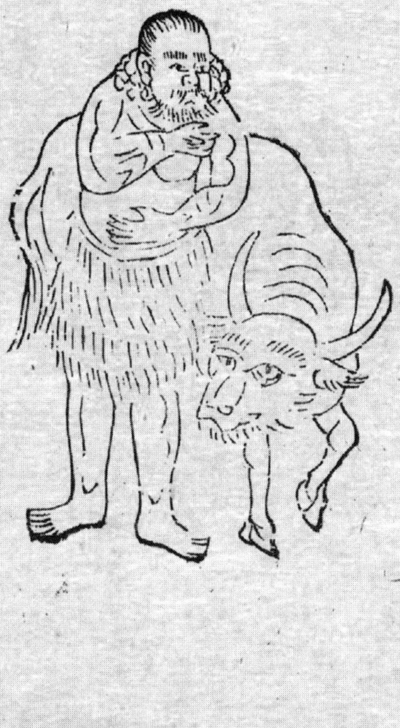

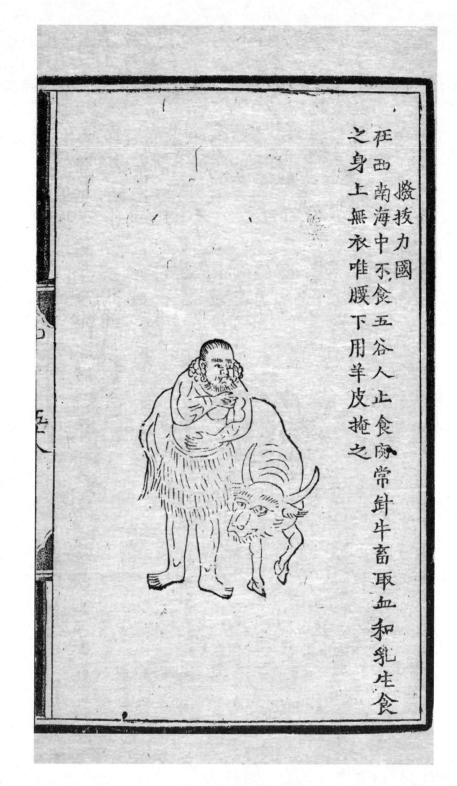

波斯國

人身黑以金花布縵身無城郭王以虎皮蒙執出則乘軟兜或騎象食餅肉出異寶

晏陀蠻國

自蘭無里國順風而去其國七千里人身如黑漆號山蠻能食生人船人不敢近岸地無鉄惟磨蚌殼為刃其國有一聖跡用渾金作床承一死人經代不朽常有巨蛇衛護其蛇毛長二尺人不敢近有井一年兩次水溢流入海所過沙石經浸盡成金

默伽國

古係荒郊無人烟因大食國祖師蒲羅吽自幼有異狀長娶妻在荒郊生一男子無水可洗棄之地下母走尋水不見及回其子以脚擦地湧出一泉甚清徹此子立名司麻烟礠成大井逢旱不乾泛海遇風波以此水洒之無不止者也

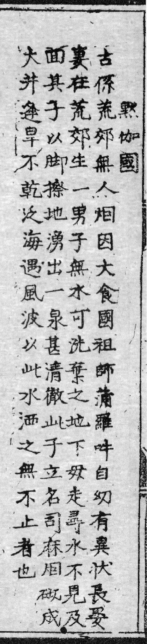

昆吾國

地產寶鉄為刄切玉如泥其國累塹為丘象浮圖有三層屍乾居上屍濕居下以近水為孝集大毡居中懸衣服綵繒哭祀之

婆羅遮國

並服狗頭猴面男子無晝夜歌舞八月十五日竹象及透索而戲

義渠國

在秦之西其親屬死則聚柴燒之熏烟上謂之登烟霞

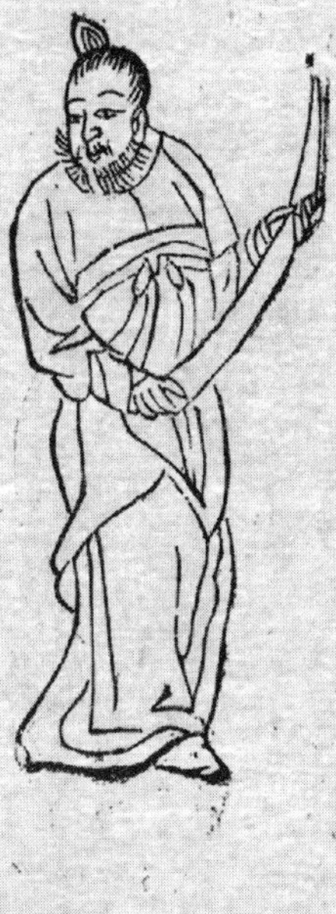

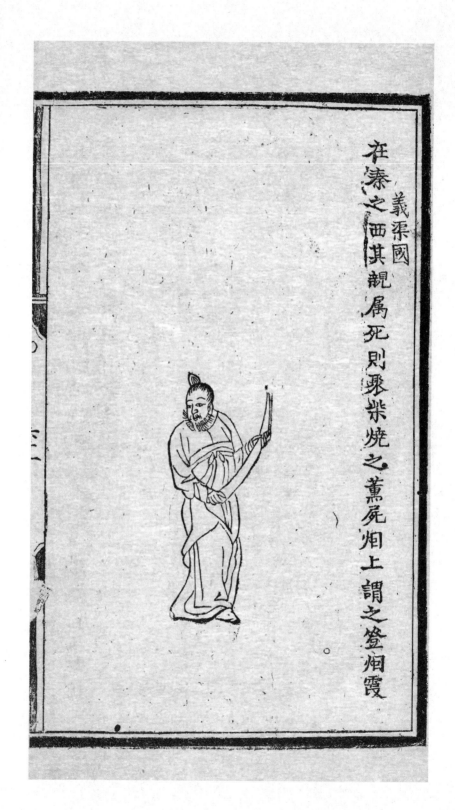

五溪蠻

其國人遇父母死行樂踏鼓親属飲宴一月盡產為棺臨江高山鑿以葬于中三年不食盐

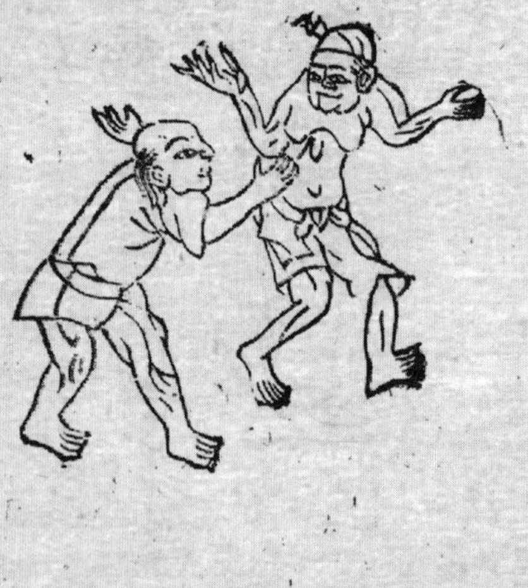

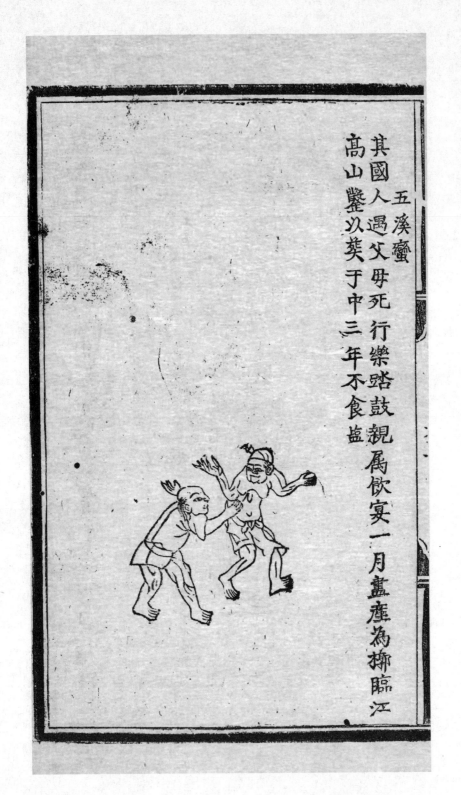

大食勿斯離國

秋露降日暴之即成糖霜食之清凉甘美山有天生樹果子名蒲盧可擣食次年復生名麻茶澤三年再生名沒石子產麥桃榴等物與木蘭皮國同收米麥門地窖之數十年不壞

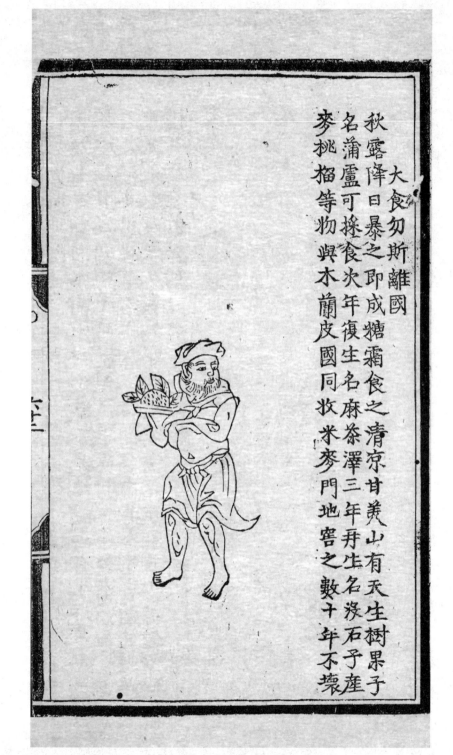

勿斯里國

國屬白達節制人有七八十歲不見雨者止有天江不知其源水極甘溢則四十日浸田水退而耕二年必有一白髮古人泛江水出坐於石上國人拜問吉凶其人不言若笑則年豐悲則飢瘦良久復入水古有徂葛尼達廟頂上有鏡如他國兵盜來着先照見之

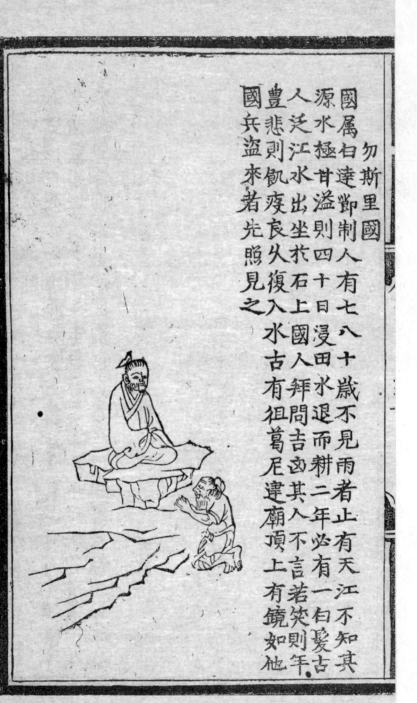

南尼華羅國

有三重城娮佛教尊牛屋壁皆塗牛糞以為潔各家置壇以牛糞塗遍花木爇香供佛路通西域常有輕騎來刼關門非之數日

乾陀國

昔尸毗王之倉庫爲火所燒其粳米焦者至今尚存將一粒
服之則終身不患瘧也

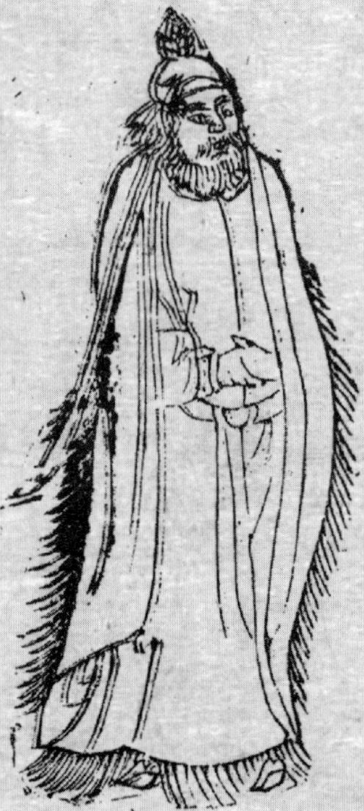

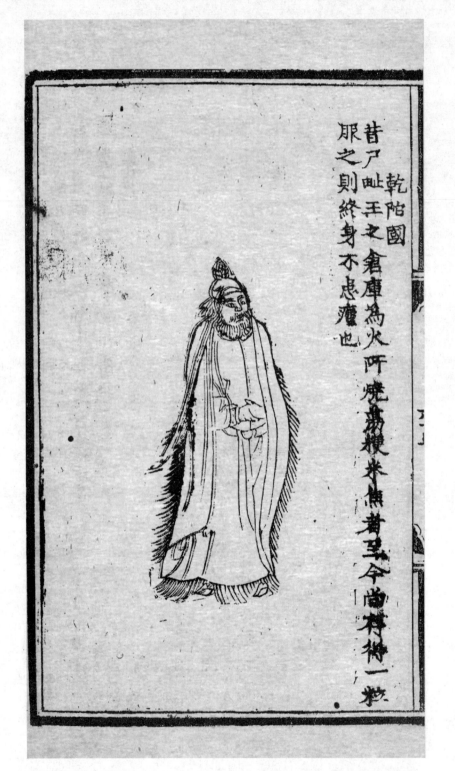

蘇都識匿國

有夜义城城舊有野人其窟見在人近窟住者五百餘家窟口作舍設関鑰一年再祭有逼洞口焆氣出光觸者死因以石擲窟口其窟不知深淺也

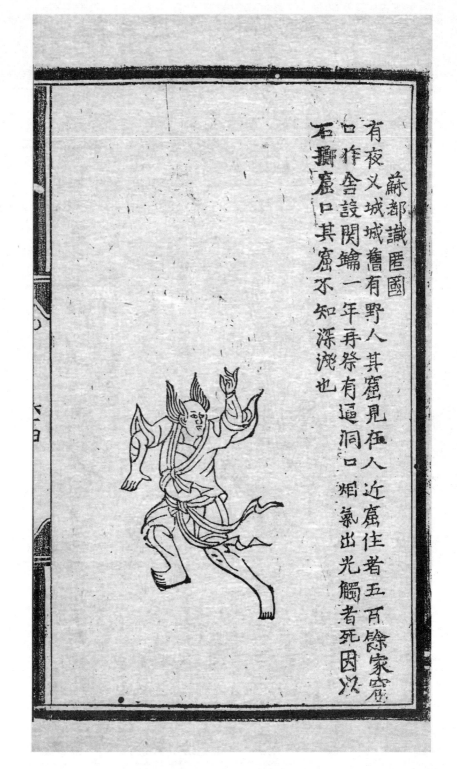

龜茲國

其國元日鬪牛馬駞為戲七日觀勝負以占一年羊馬減耗繁息也

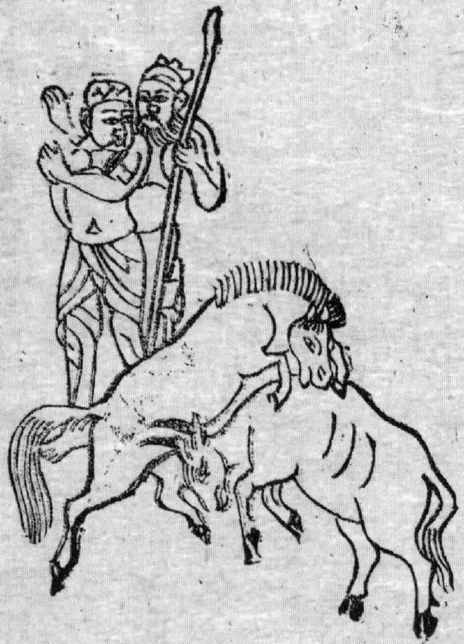

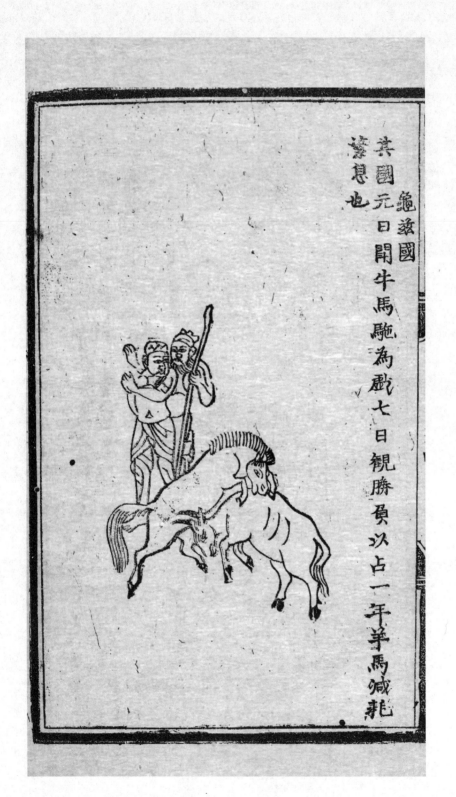

馬耆國

元日二月八日婆摩迹三日野祀四月十五日遊採五月五日彌勒下生七月七日祀先祖九月九日麻撒十月十日王為厥法王出首領家首領騎王馬一日一夜處分王事十月十四日作樂至歲窮拔汗那十二月及元日王及首領分為兩朋各出一人着兵衆人執瓦石棒杖東西互擊甲人先死即止以占當年豐歉

烏孫國

其國西有三个蠻有頭目地主種田身生長毛出虜掠百姓

新千里國

出石似朽骨如牙俗稱佛牙至應天府行二年零八箇月

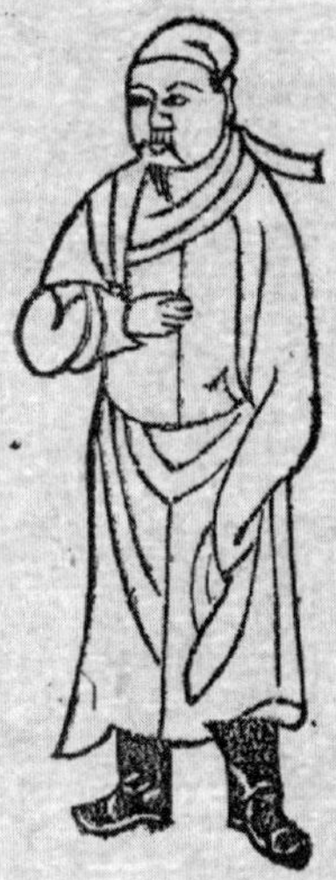

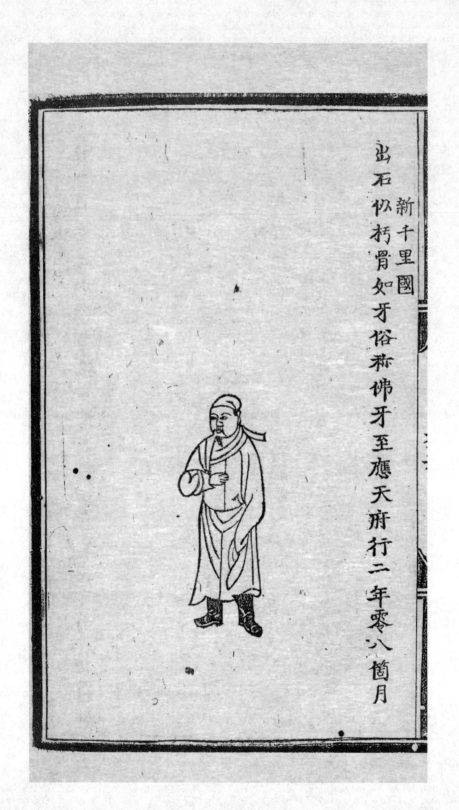

玉締國

產牛羊種田有房舍至應天府行五箇月

播波國

有城池民種田天氣常熱地無霜雪出獅子至應天府行一年二箇月

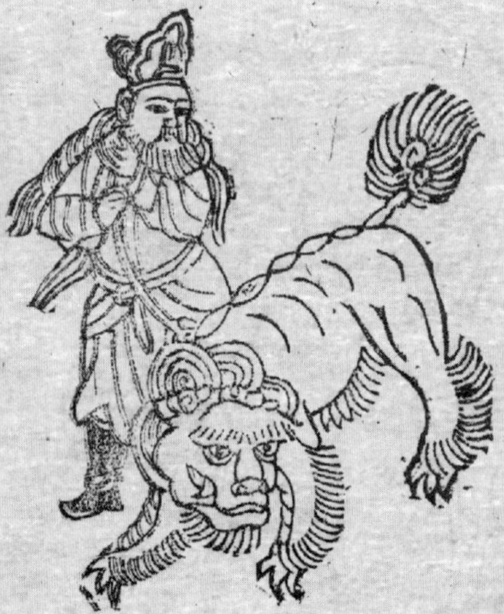

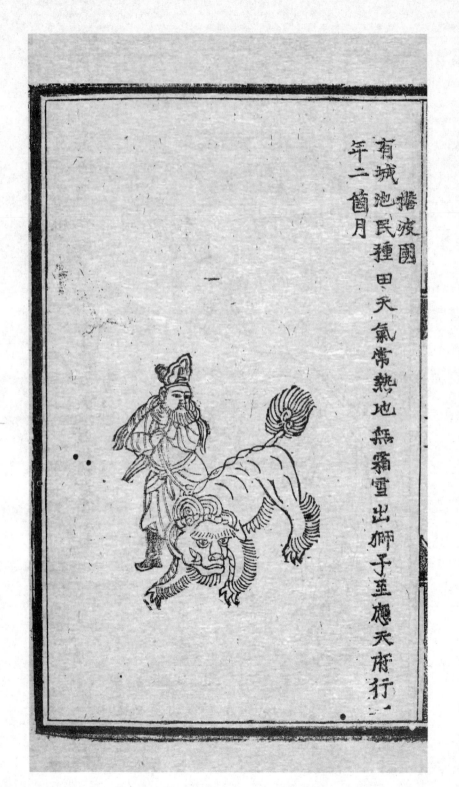

悄國

係西番人食乳谷過活至應天府行五箇月

丁靈國

在海內人從膝下生毛馬蹄善走自鞭其脚一日可行三百里至應天府馬行二年

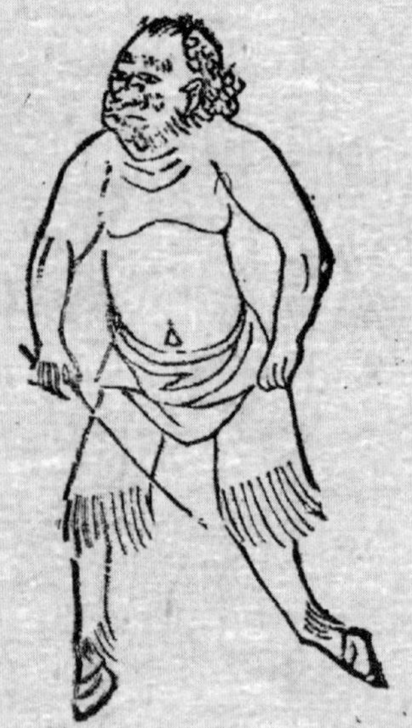

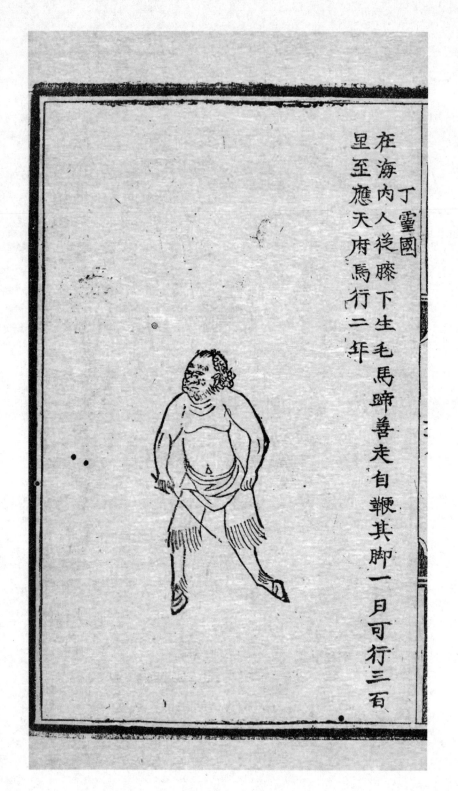

猴孫國

名扶刋剌國若有他國兵來衆猴防直法即不敢來侵犯至

應天府馬行二年

入不國
有城池種田出胡椒至應天府行三年

西南夷

西南五姓右部龍羅方名自宜州入境張杌自邕州入境國人椎髮跣足斑花布披毡背刀帶弩

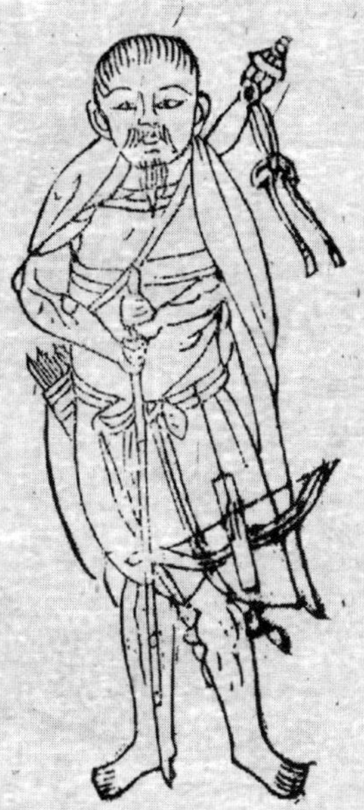

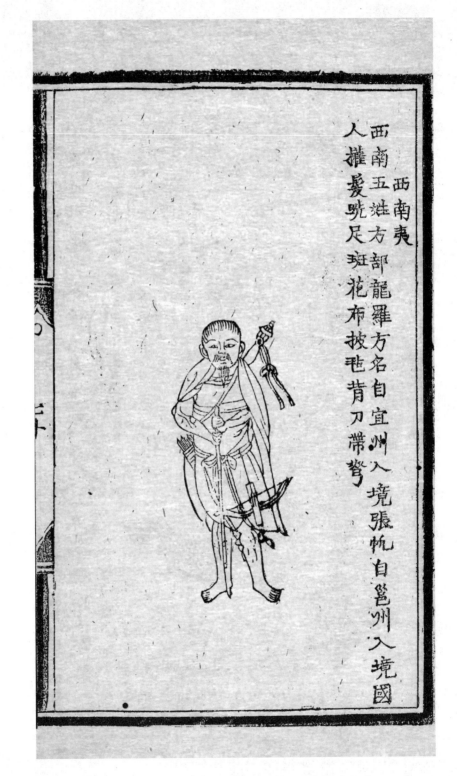

氐人國

在建木西其狀人面魚身無足胷已上似人已下似魚也

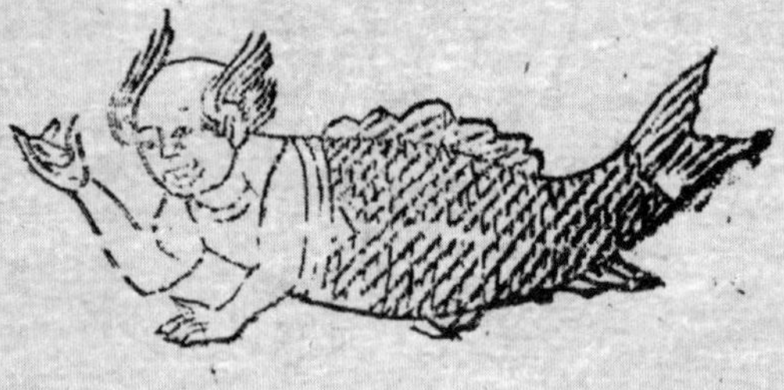

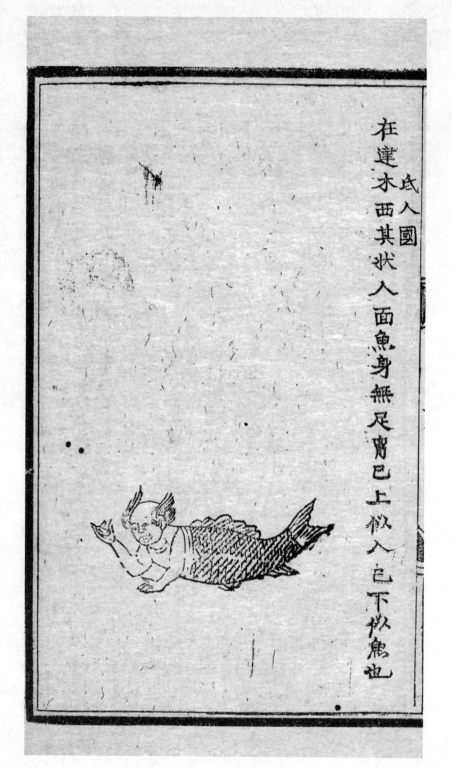

西番國

一曰鬼方武丁征鬼方三年克之入曰鬼陰類曰鬼戎無王子管轄無城池房舍多在山林內住坐食人肉至應天府馬行三箇月其國人奉佛者皆称剌麻

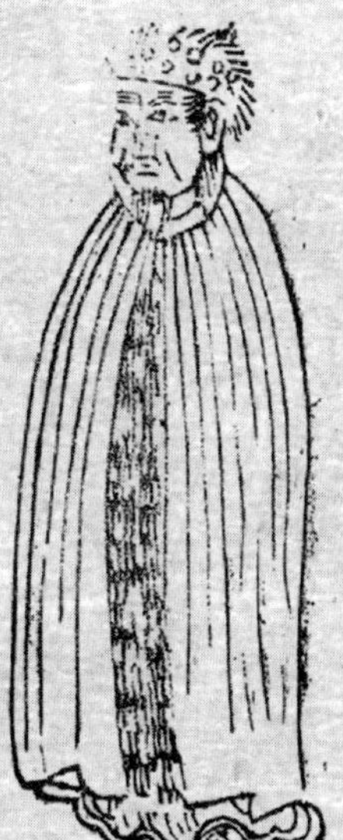

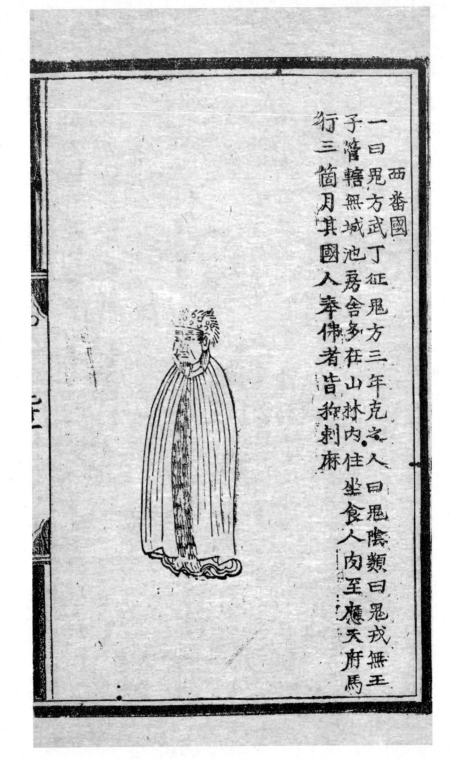

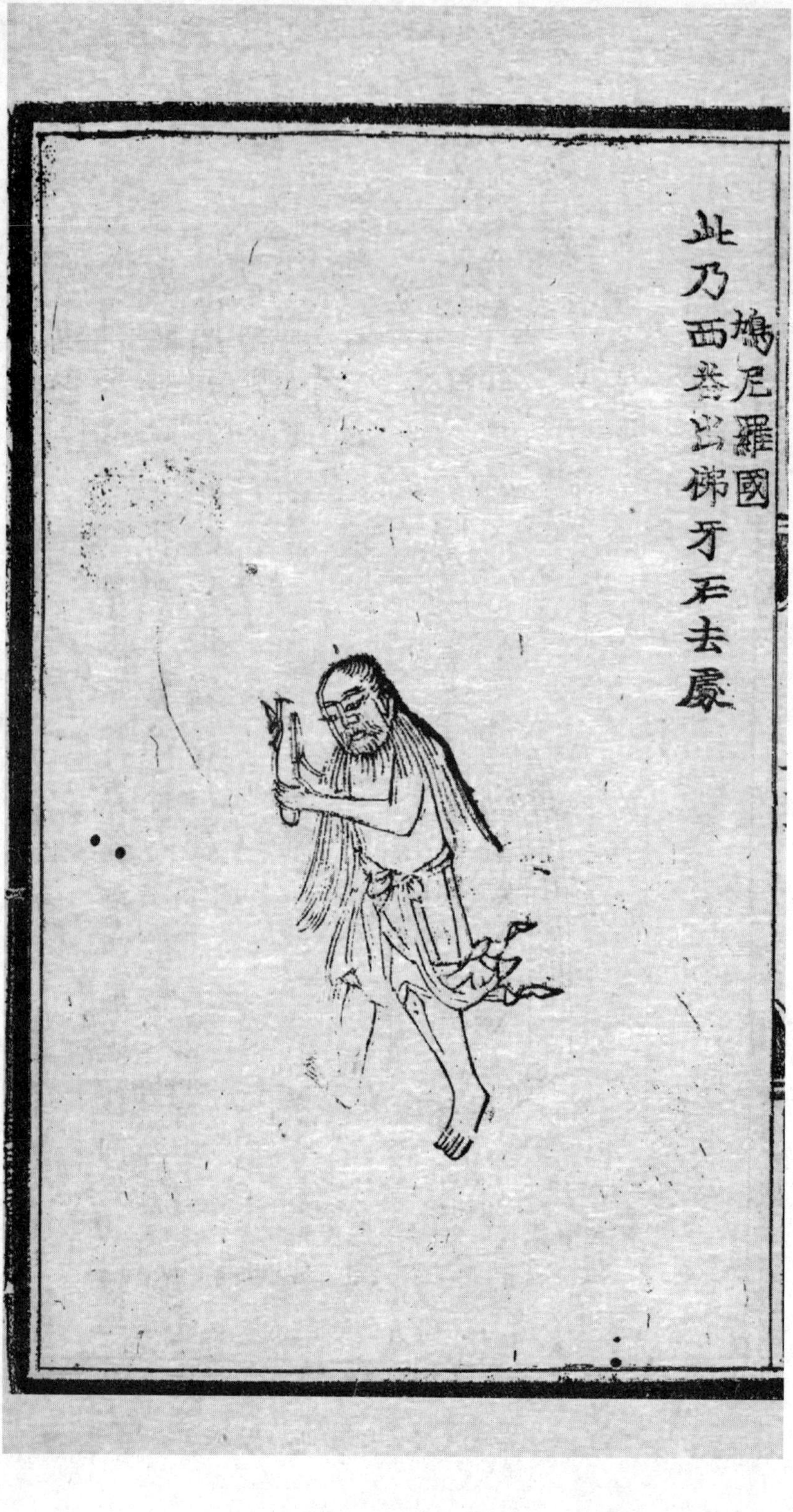
鳩尼羅國
此乃西番出佛牙石去處

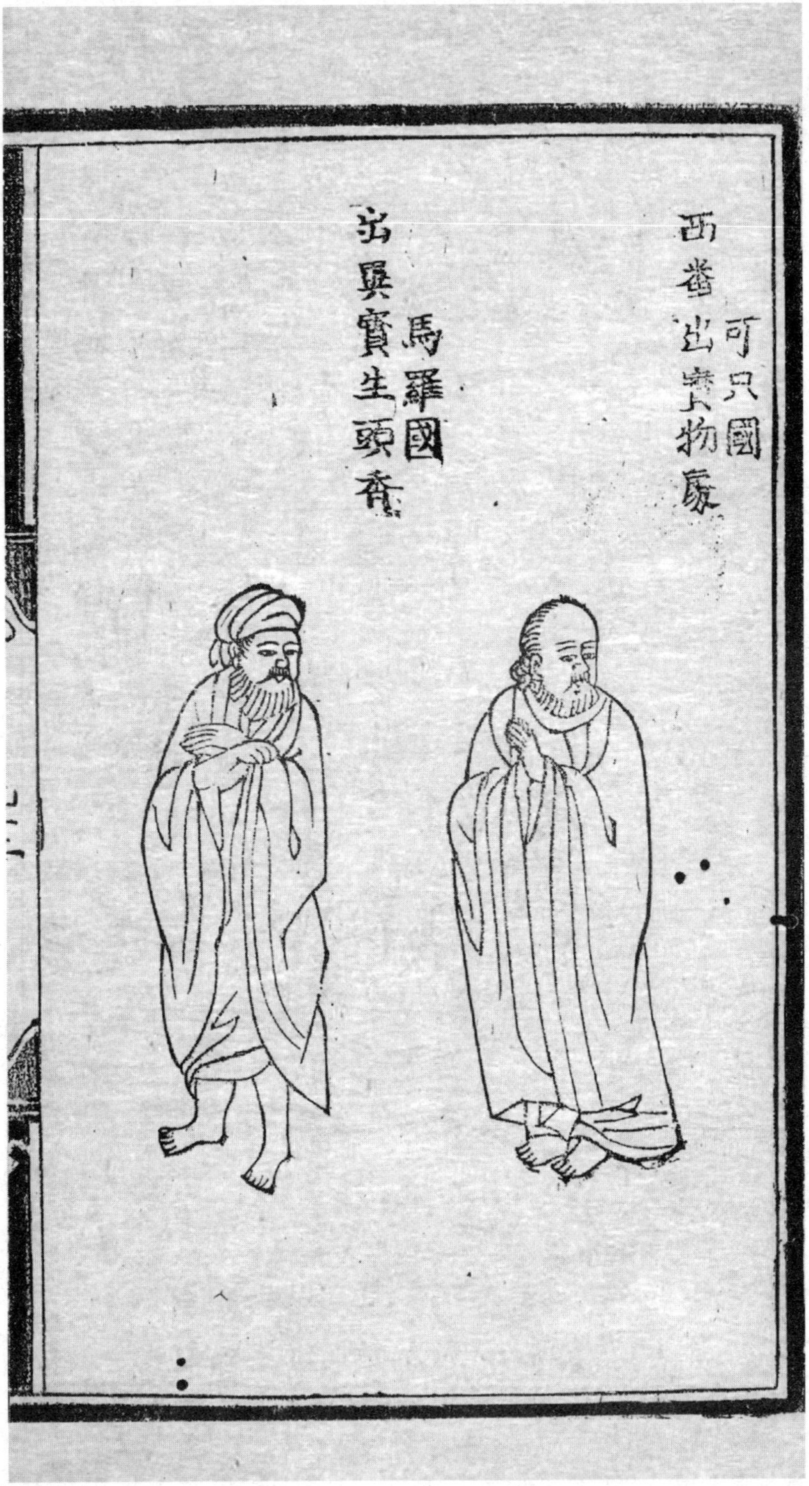
可只國
西番出寶物處
馬羅國
出異寶生頭香

蜒蠻

以舟爲室視水爲鄰欽之蜒有三一爲魚蜒善舉網垂綸二爲蠔蜒善没海取蠔三爲木蜒善伐木取材蜒則各有統焉

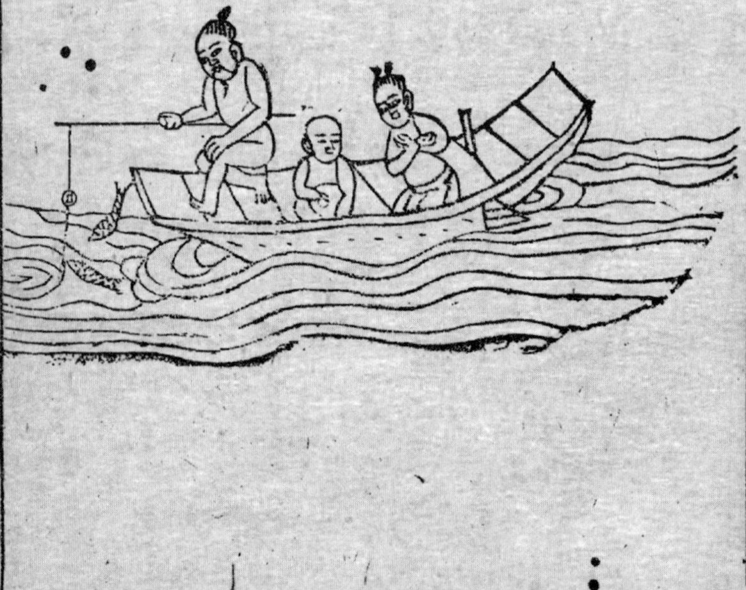

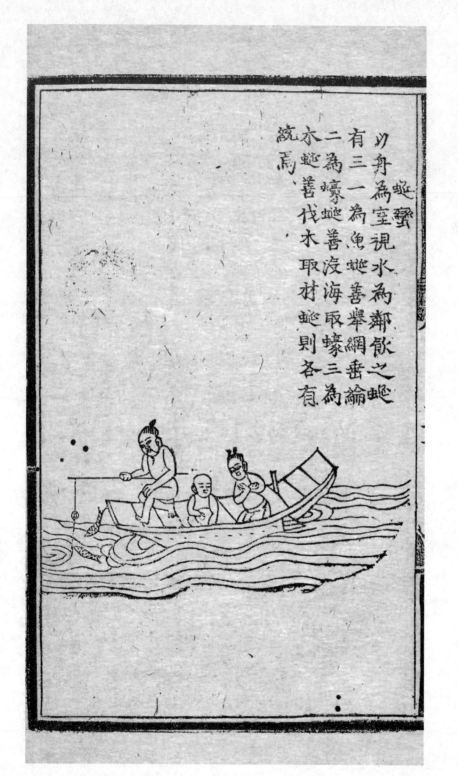

野人國

此國有大山林多野人男子妳長如獸曾被韃靼將妳搭在手上奔走會人言食葉

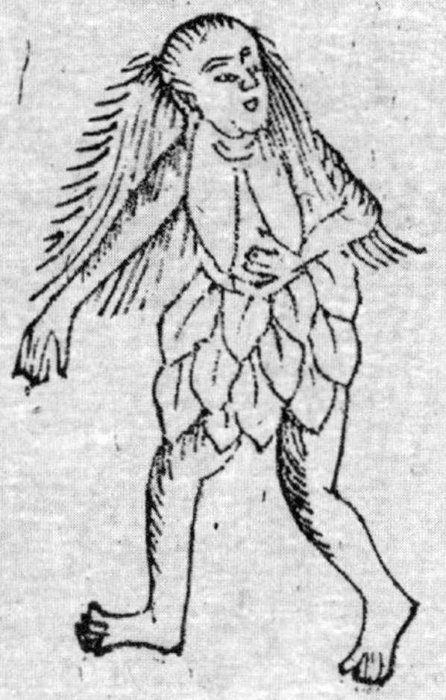

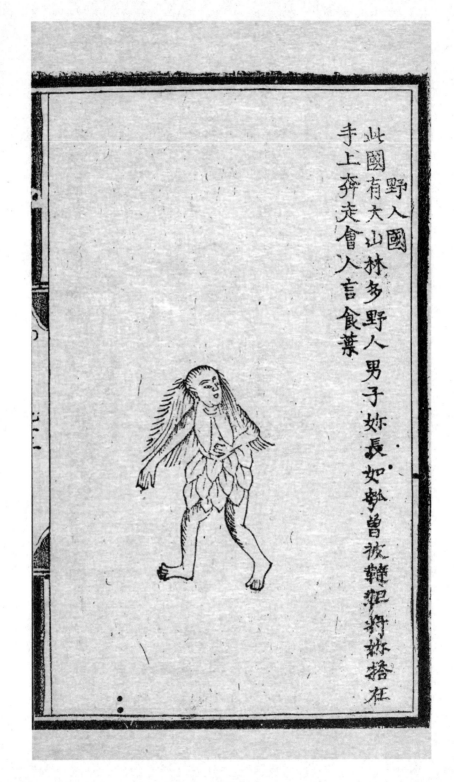

印都丹

人身黑色地熱無雪至應天府馬行一年二箇月

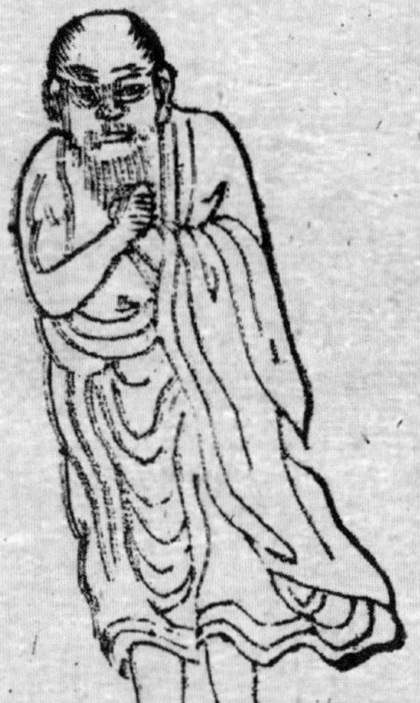

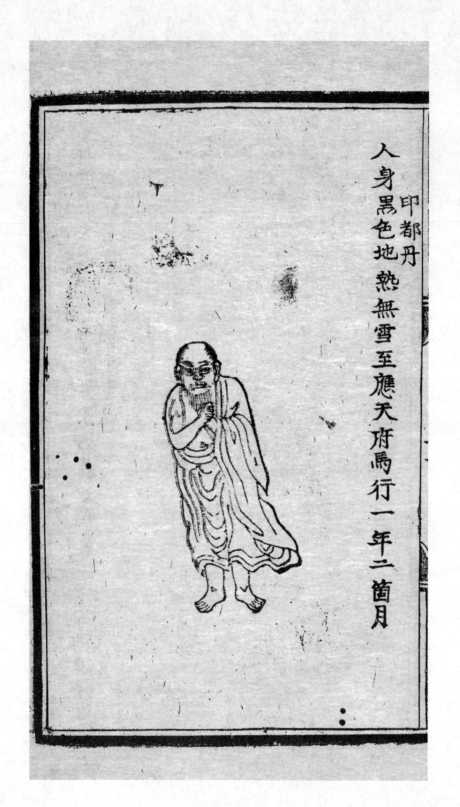

退波國

係黑和尚有城池房舍出羊馬林木甚多

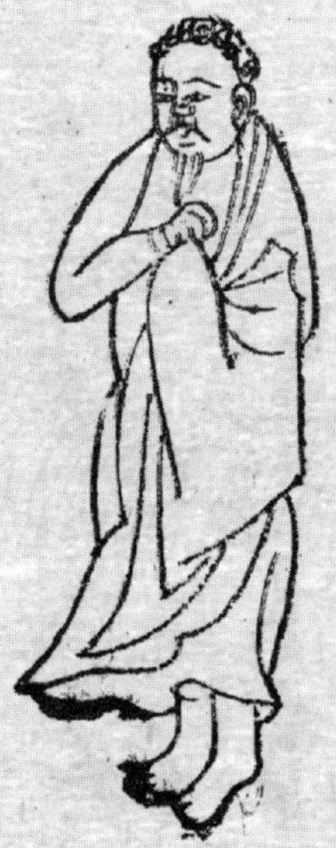

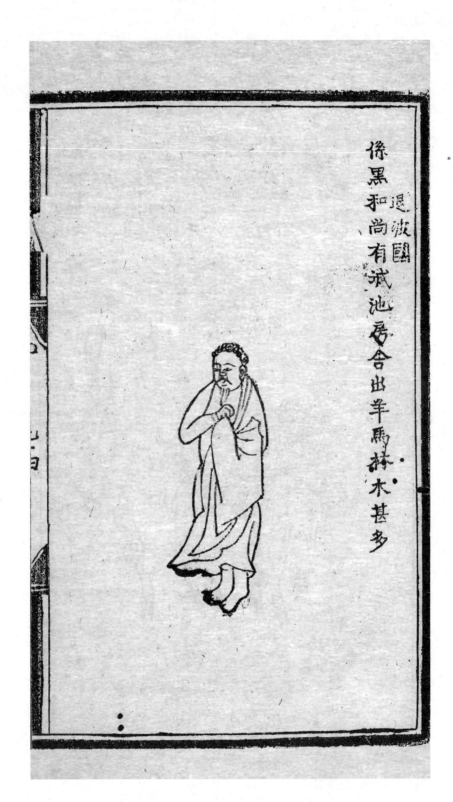

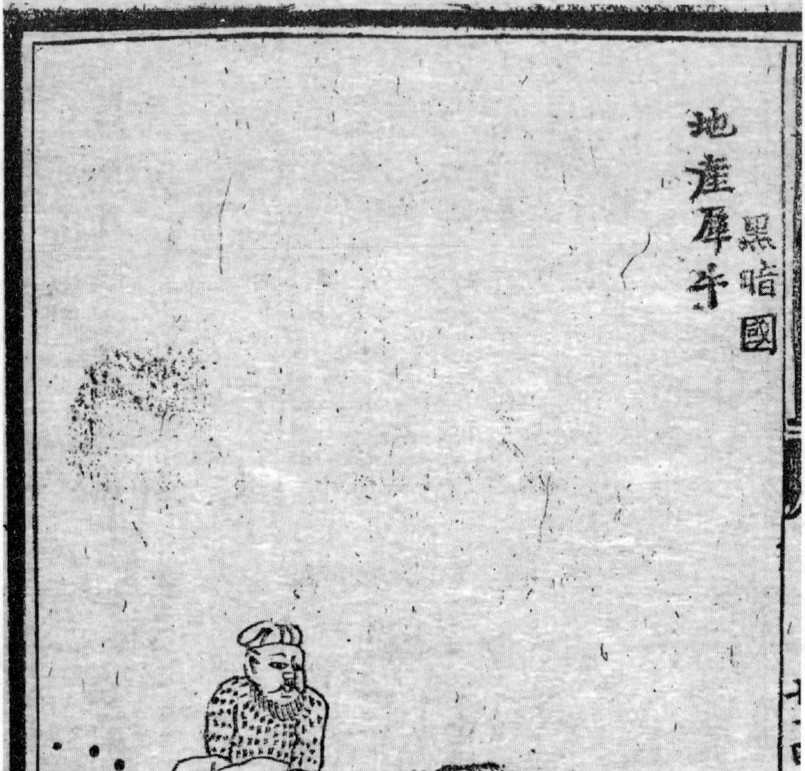
黑暗國
地產犀牛

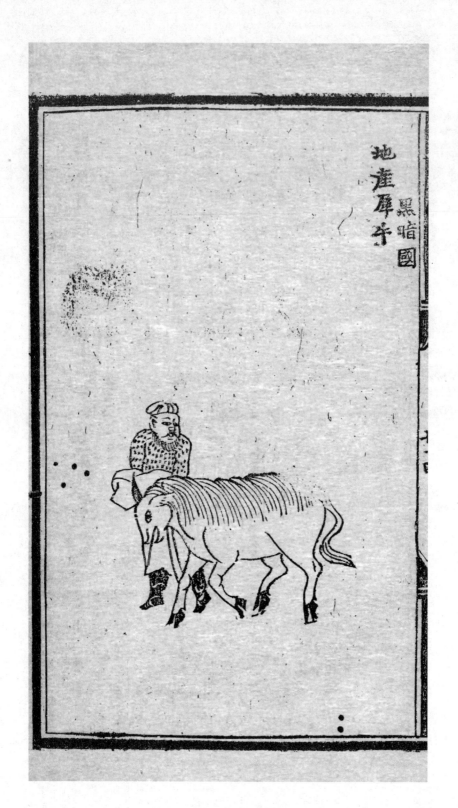

日蒙國

有房舍種田出美人似黑蒙國結束至應天府馬行一年零二箇月

麻阿塔

有神明金剛有城池種田至應天府行一年二箇月

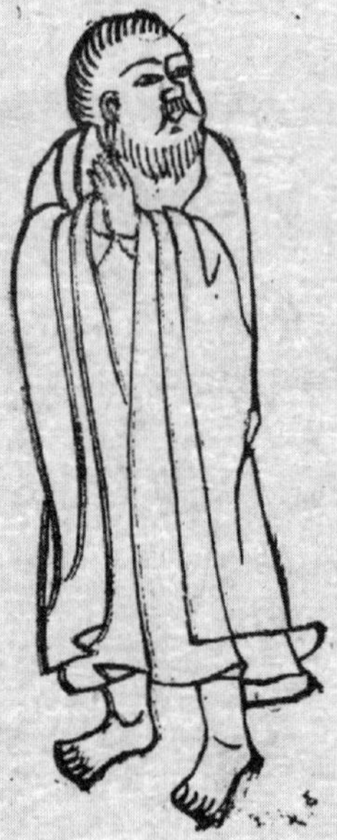

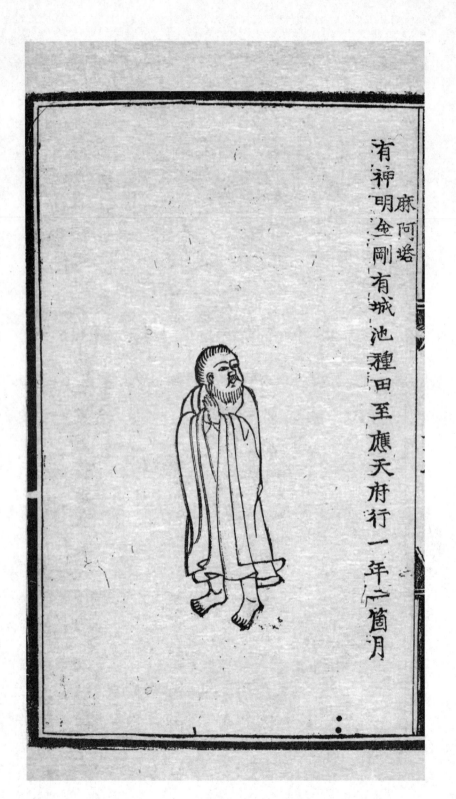

方連暮蠻

語話難曉人種田出驢馬至應府行一年

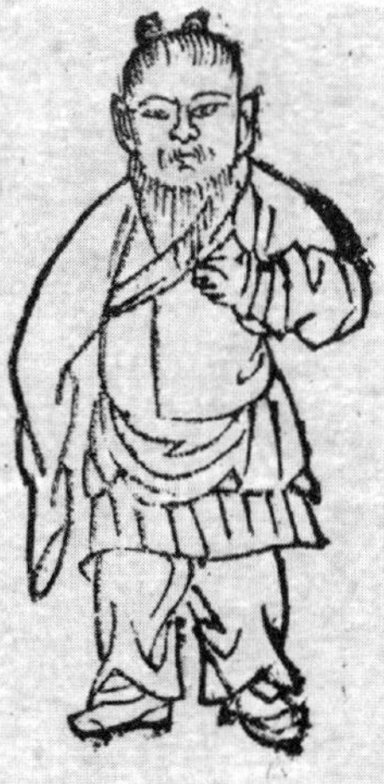

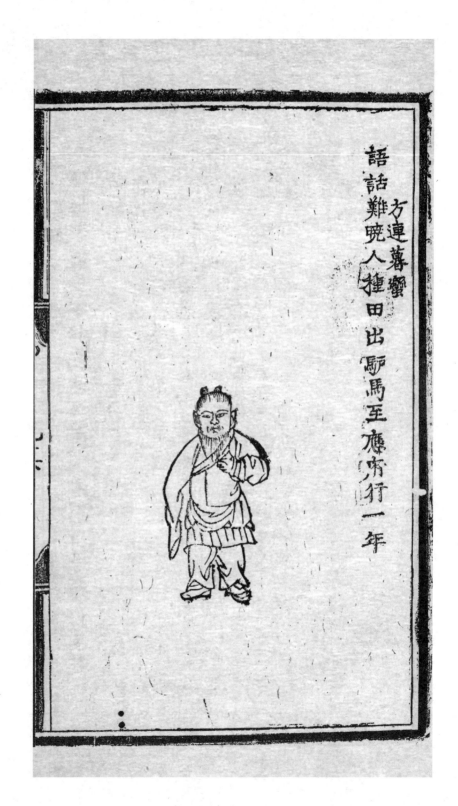

訛暮

人眼深髮黄墨本植為屋至應天府馬行一年八箇月

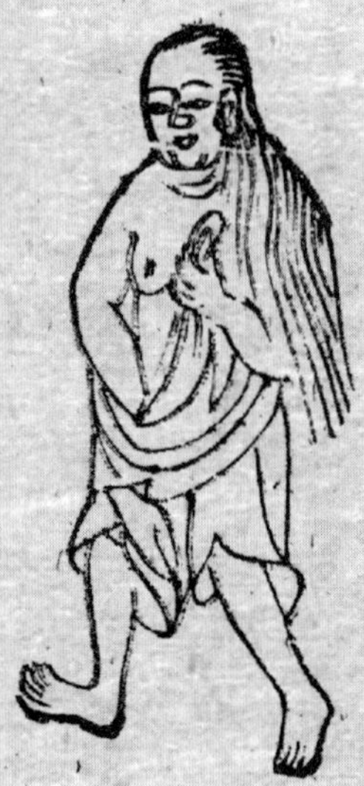

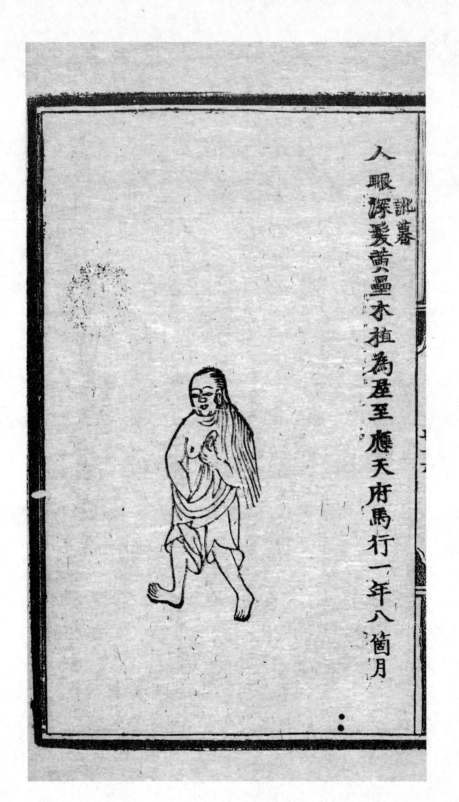

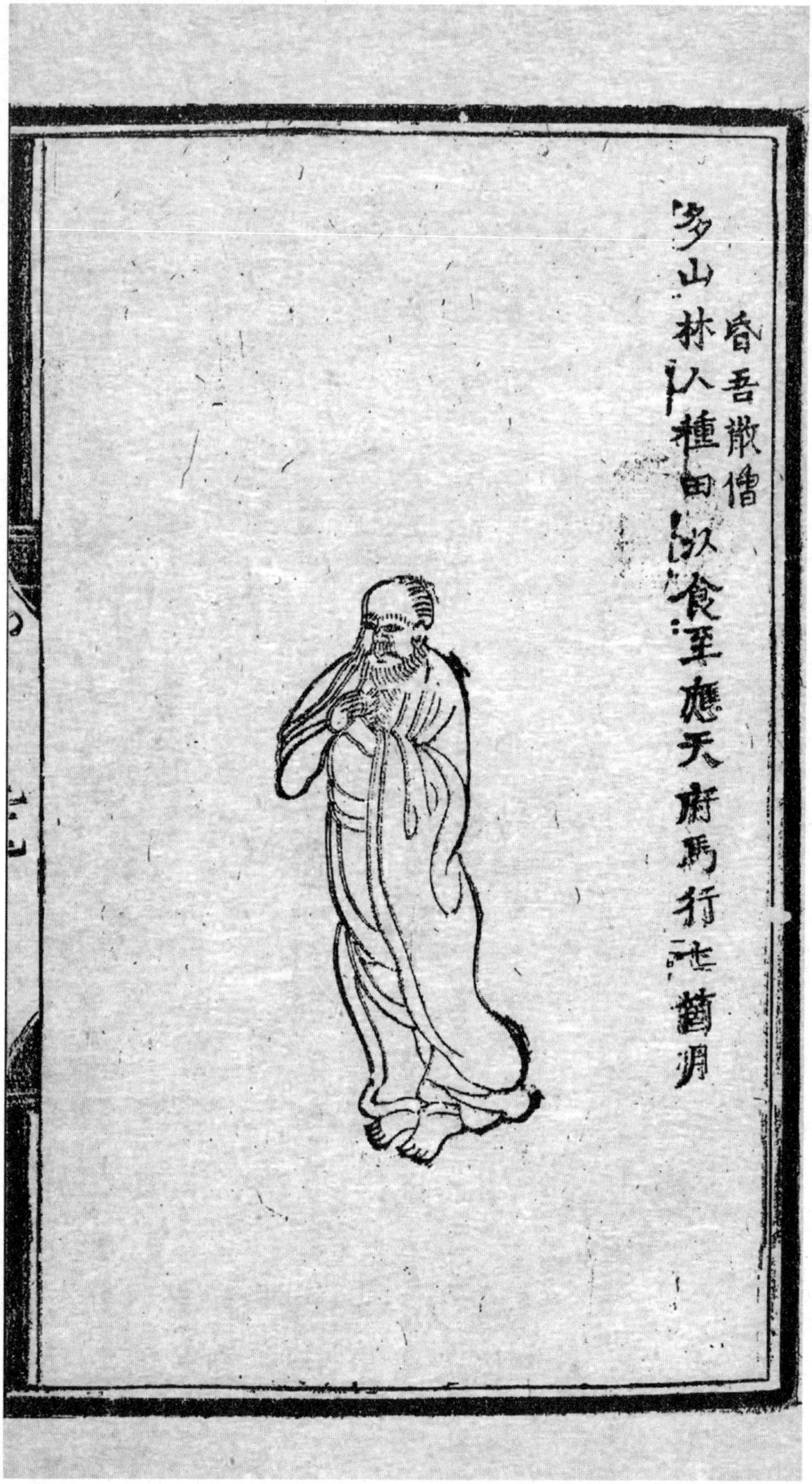
昏吾撒僧
多山林人種田以食至應天府馬行年猶渭

黑蒙國

有城池房舍民種田天氣常熱人穿五色紬襖至應天府行一年

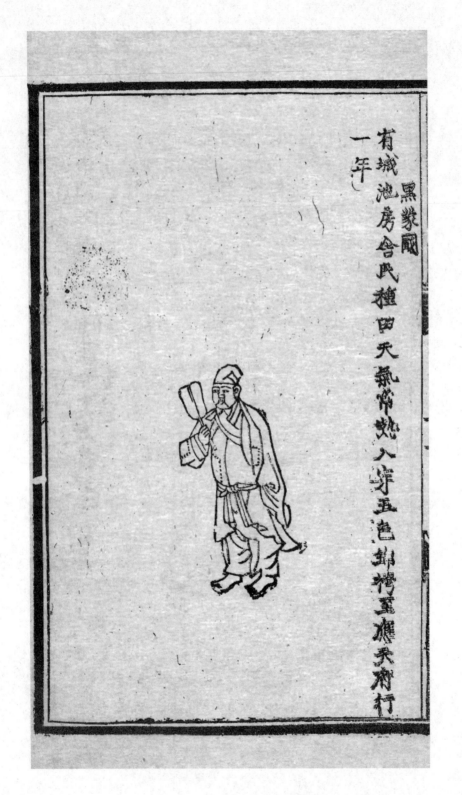

果慕果訖

有城池種五穀出良馬至應天府行一年七箇月

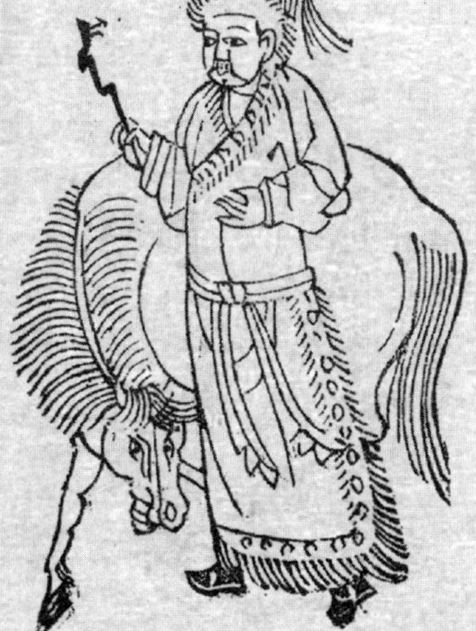

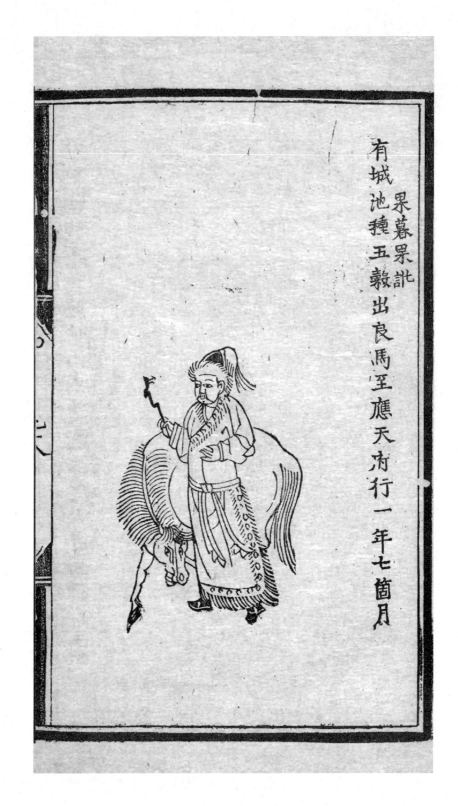

結賓郎國

有城池種田黃頭仙人成道處至應天府馬行三年

一臂國

在西海之北其人一目一孔一手一足半體半肩猶魚鳥相合

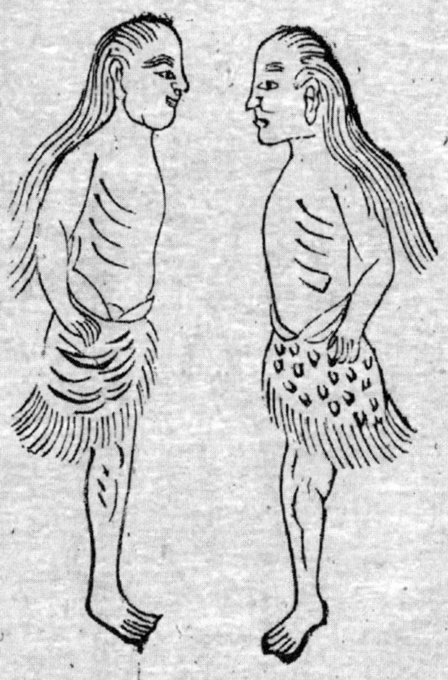

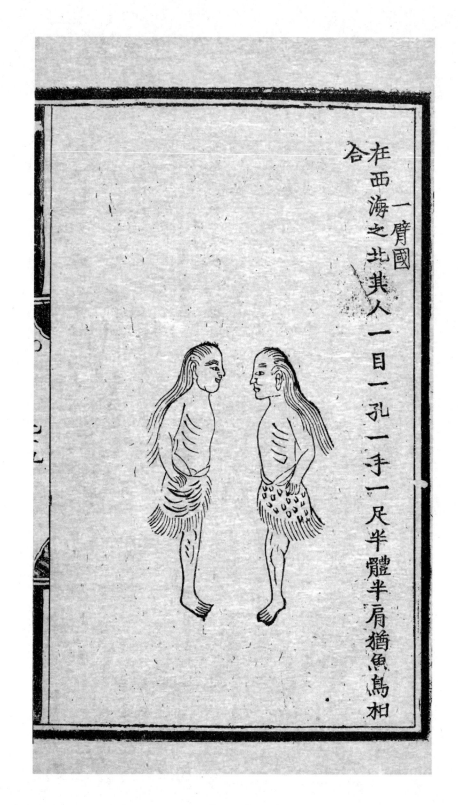

七番
耕山種田出駝牛至應天府馬行半年

隴水卽

有城池一座昔日番王子建都有百姓住坐至應天府馬行半年

無脊國

在北海人無胠腸食土穴居男女死即埋之其心不朽百年化為人細民膝不朽埋之百二十年化為人細民肝不朽埋之八年化為人

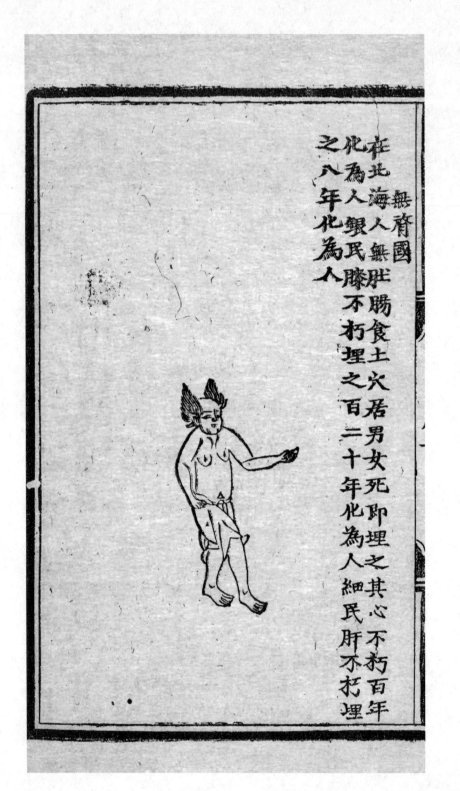

的剌普剌國

有城池民種曰出明珠異寶至應天府行二年二箇月

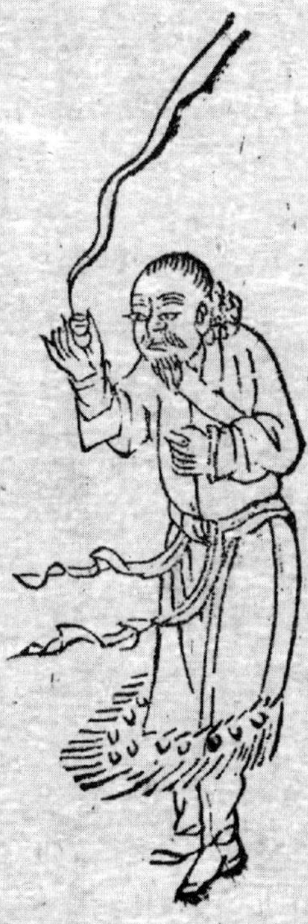

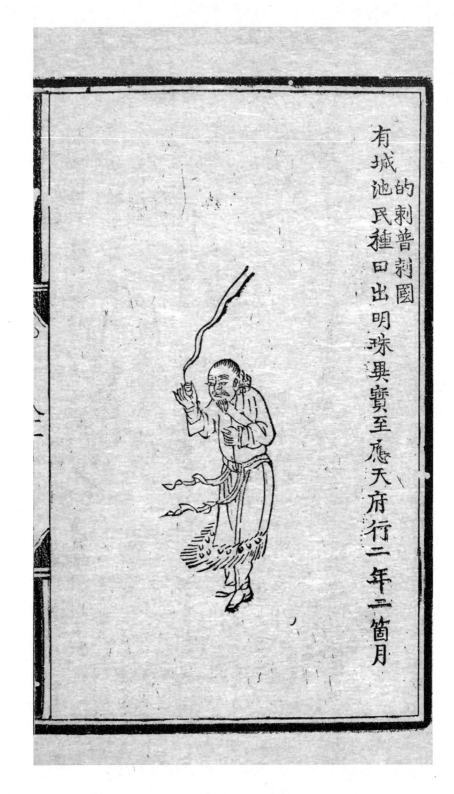

不剌

係西番出羊馬至應天府馬行一年八箇月

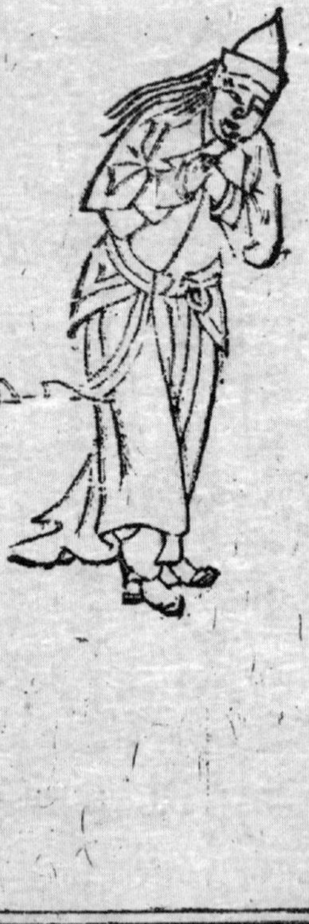

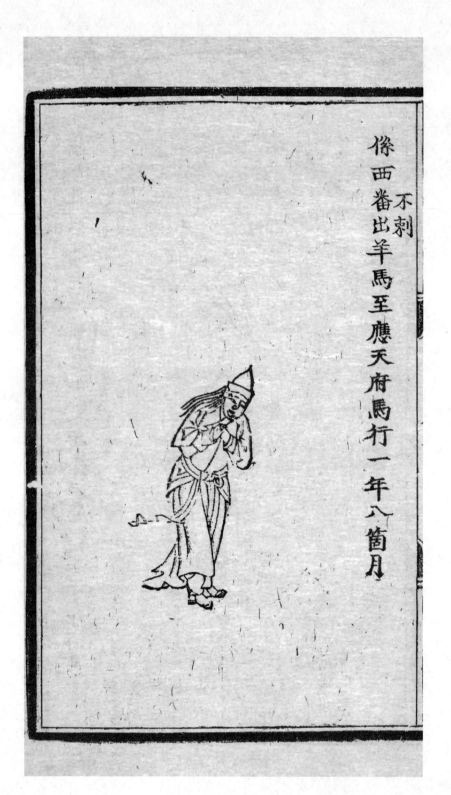

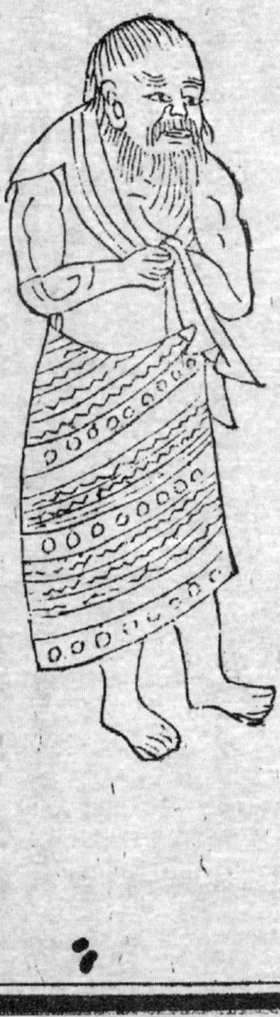

回鶻

偉兀即回紇其先本匈奴凡十五種至隋曰韋紇臣于突厥突厥資其財力雄北荒大業中自称回紇子曰菩薩突厥亡惟回紇最強菩薩死其酋與諸部攻薛延陀殘之并有其地遣使者獻款中國嘗自以鷙捷如鶻至唐德宗時立請易回紇為回鶻偉兀者回鶻之轉声也其地本哈剌和林即今之和寧路也

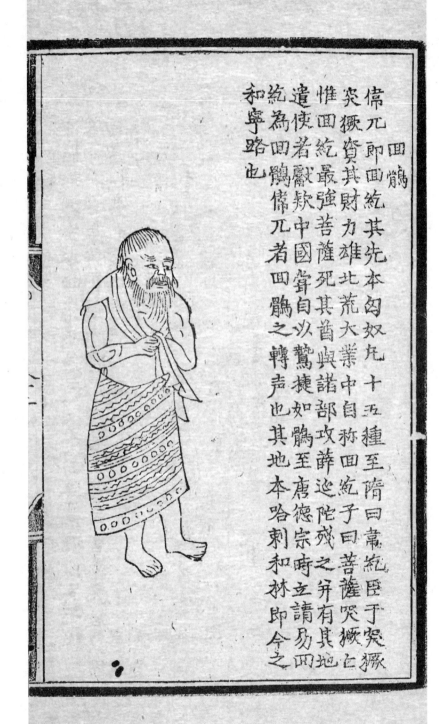

吐番

吐番號假西番本西羌屬居祈支水西發声近故其子孫曰吐番而姓勃窣野其俗謂強雄曰贊大夫曰普故號居長曰贊普其後有君長曰論贊曰弃贊

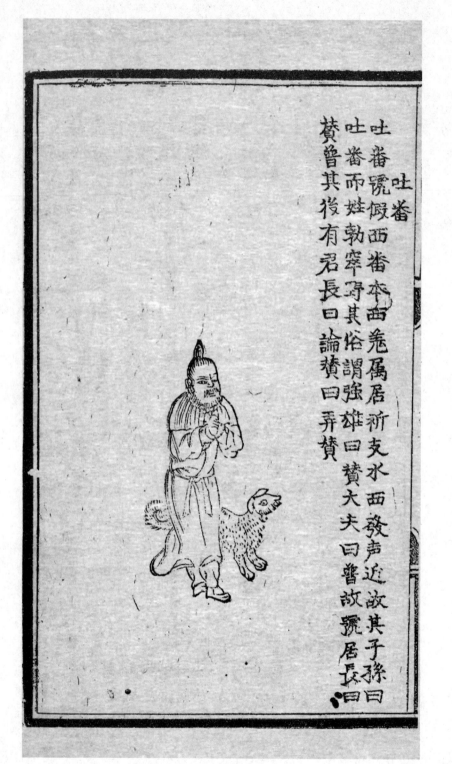

一目國

在北海外其人一目當其面而手足皆具也

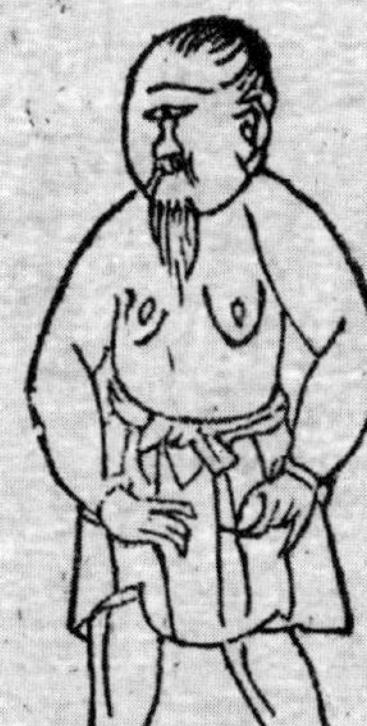

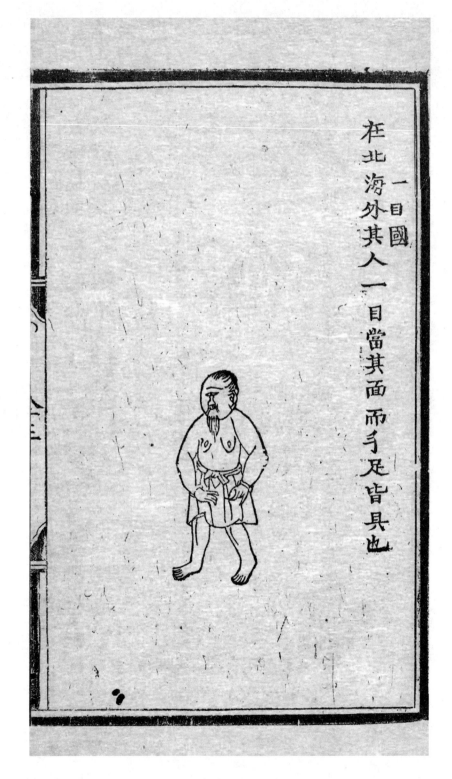

黠戞斯國

古堅昆國也在回紇西北三千里人皆長大赤髮青面綠睛以理髮為不祥男少女多

驅度寐國
在室韋之北隋時通焉其人甚長而衣服短不束髮皆裹頭
居窟中人輕捷一跳三丈餘走及奔馬

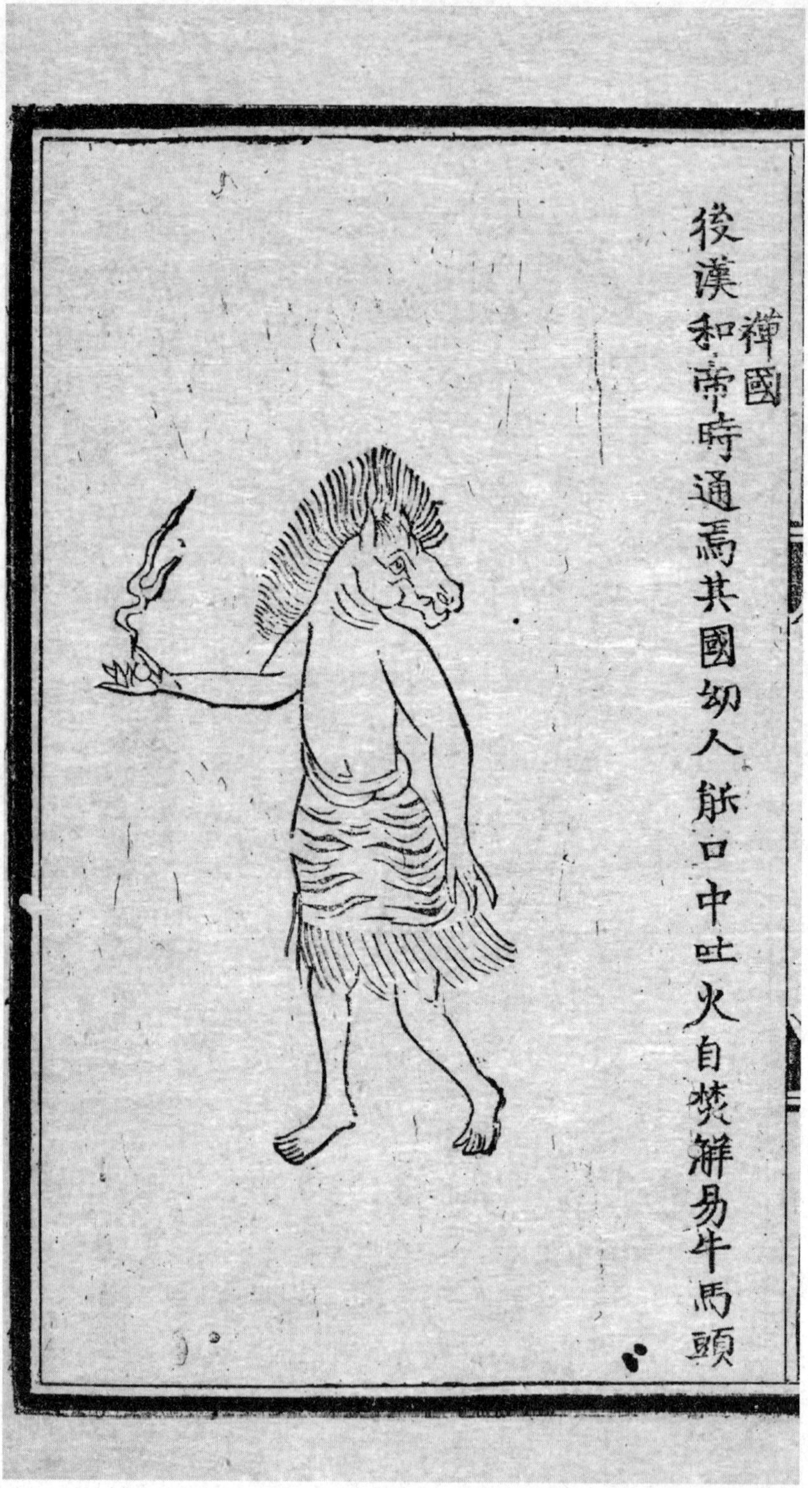
禪國
後漢和帝時通焉其國幼人能口中吐火自焚觧易牛馬頭

滑國

車師之別種也漢順帝永建初八滑從班勇擊比虜有功封親漢侯其國有黃獅子白貂裘兩脚駝野驢有角等物男子着長袖袍用金玉為帶女人披羊裘頭上刻木為角長六尺以金銀飾之兄弟共妻

厭達國

大國氐人之種類也去長安一萬一百里其俗凡娶妻婦人帶帽有角知其夫之多少也

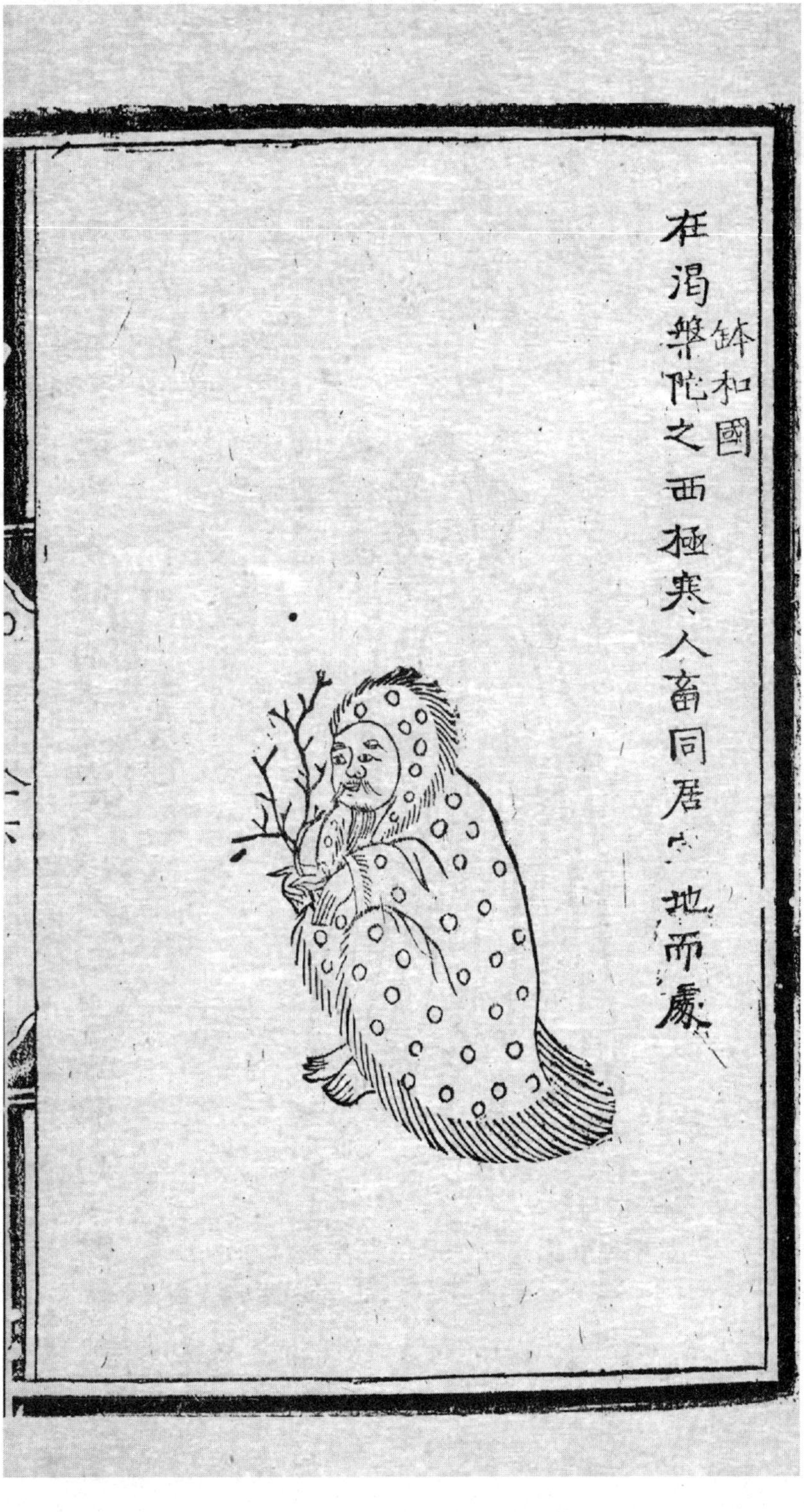
鉢和國
在渇槃陁之西極寒人畜同居穴地而處

三瞳國
在軒渠國西南人眼有三睛珠或有四舌者能為一樣言語

大盧尼

後魏時通焉在波斯國西北有一河南流中有馬其形人頭鳥身有大似駝馬者出水便死

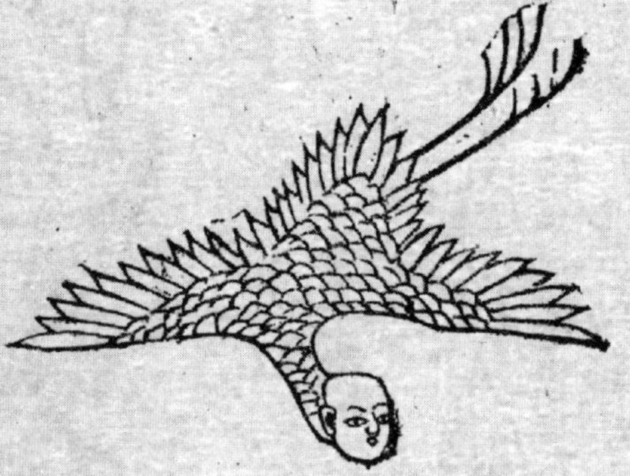

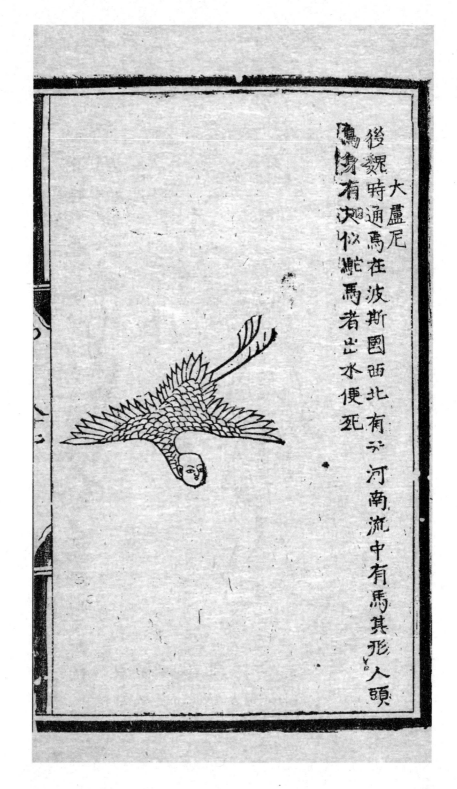

西女國

在葱嶺之西種皆女子多珎寶與佛麻國為鄰君長每歲遣男子配焉俗生男子為不祥

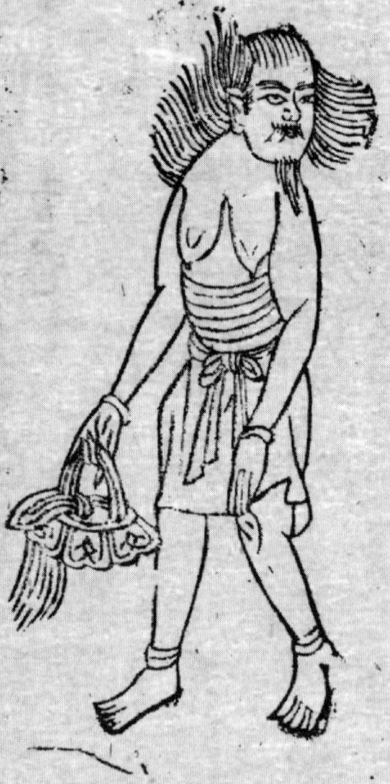

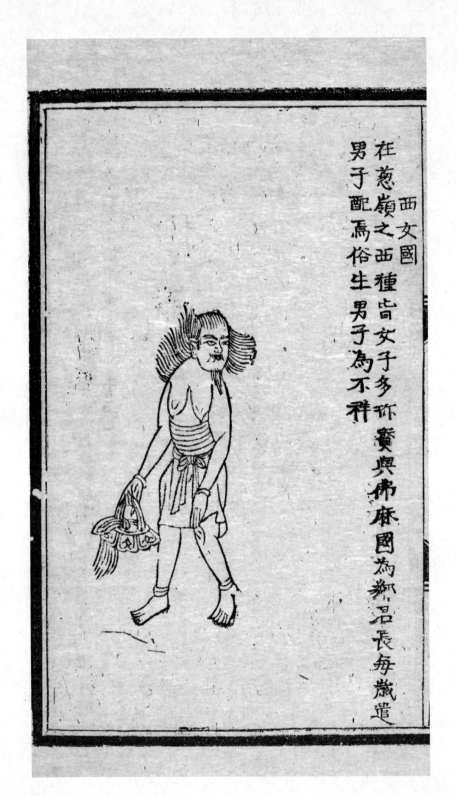

吐火羅

在葱嶺西多男少女故兄弟雖衆止一婦人五夫頭帶五角十夫頭帶十角無兄弟與他人結為兄弟同娶一妻不然終身不得婦矣

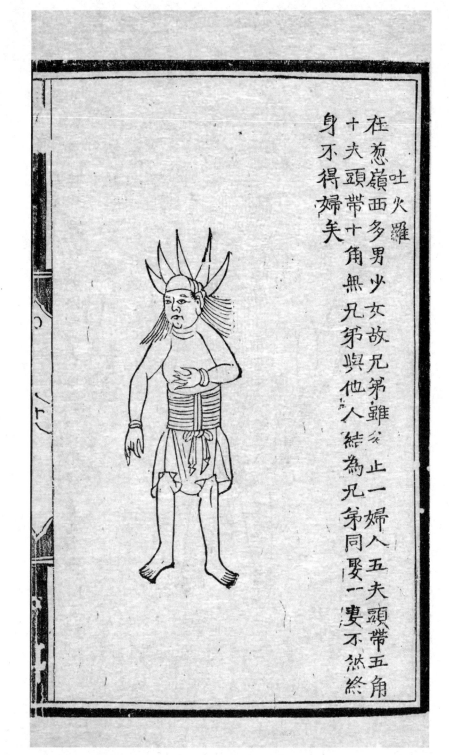

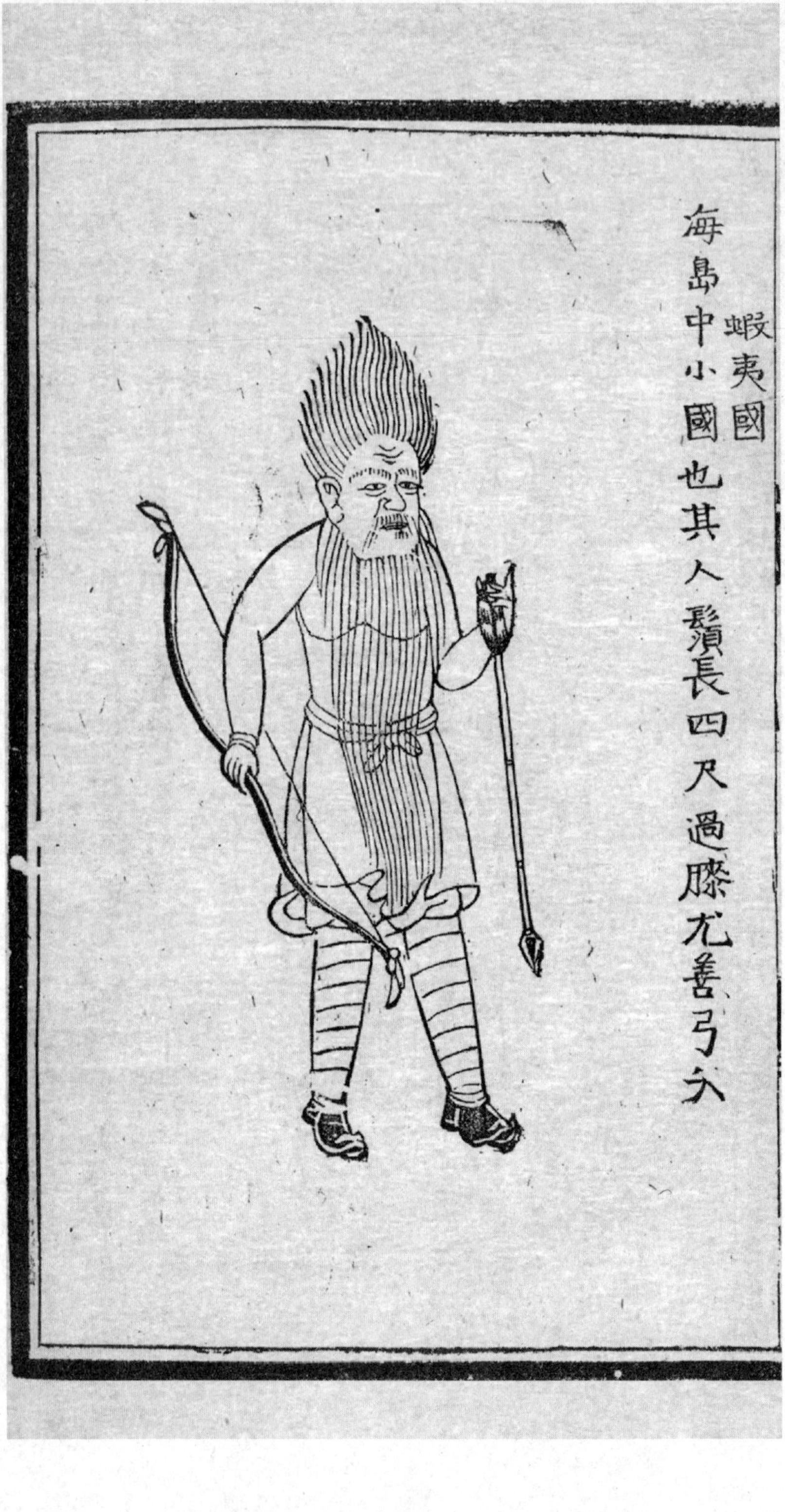
蝦夷國
海島中小國也其人鬚長四尺過膝尤善弓矢

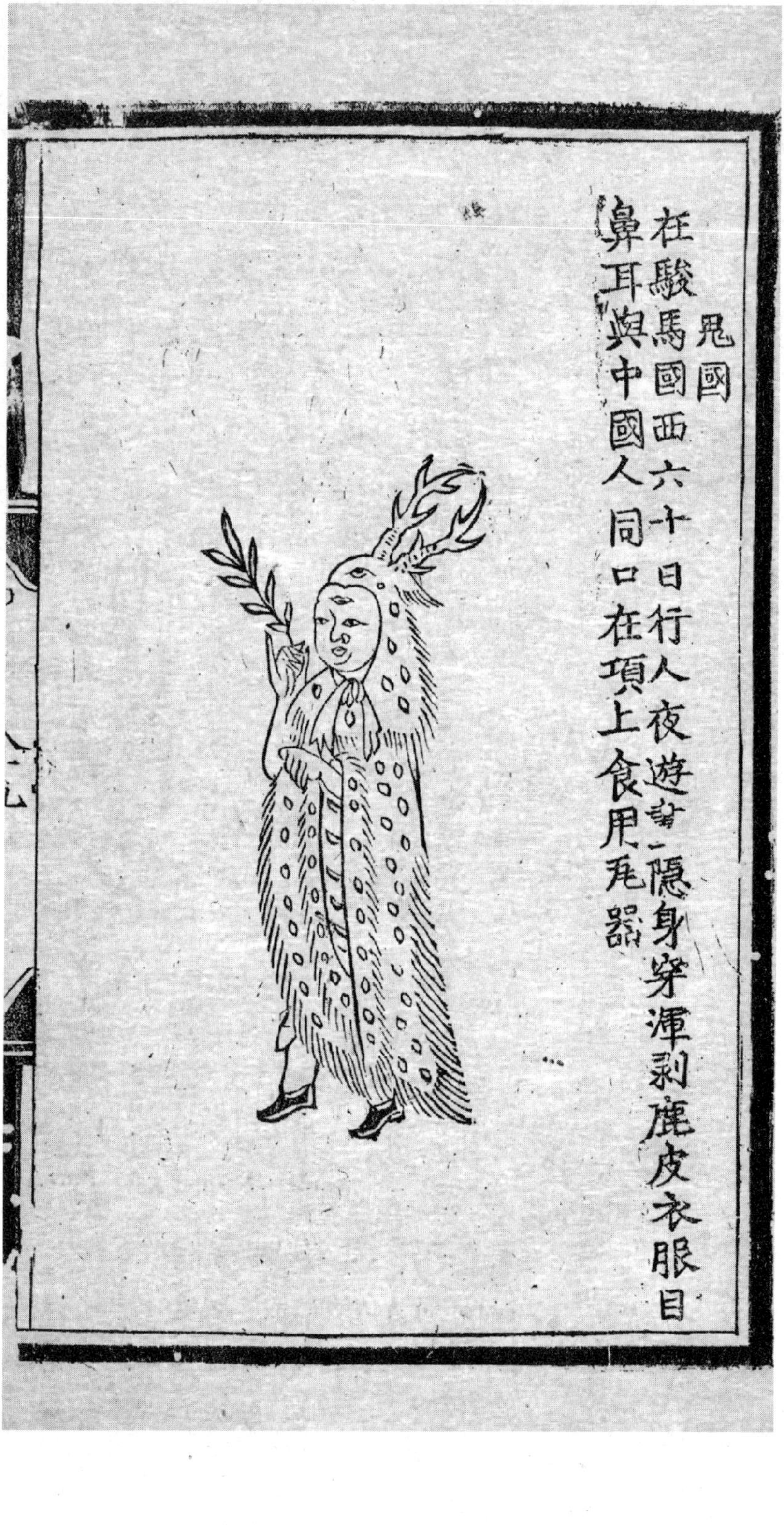
鬼國
在駮馬國西六十日行人夜遊晝隱身穿渾剥鹿皮衣眼目
鼻耳與中國人同口在項上食用瓦器

夜义國

在流鬼國北有一月餘路有夜义人皆猪牙晓出食人無敢至其國者

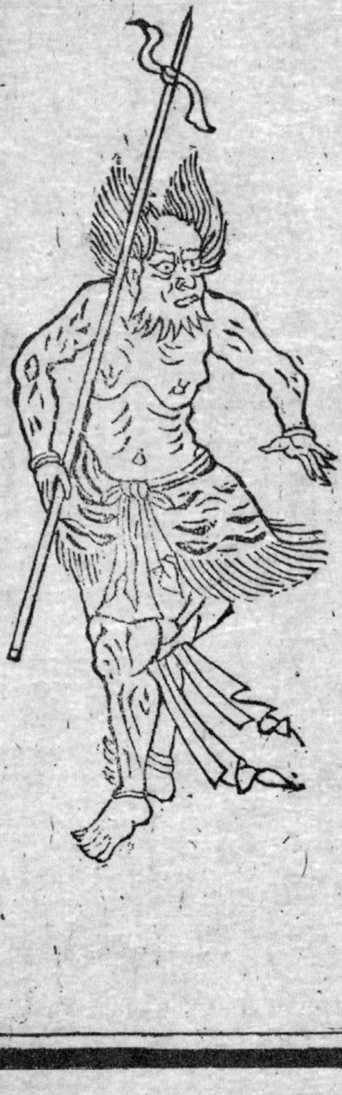

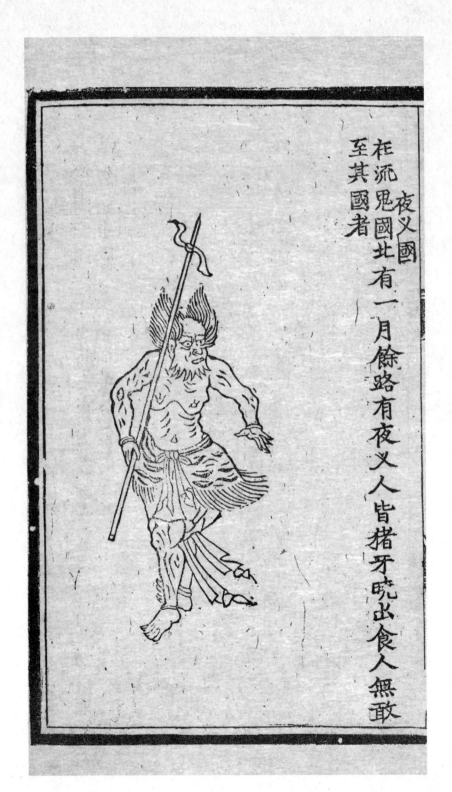

扶桑國

在大漢國東作板屋無城郭宋元帝時劉賔有人至其國國人養鹿如牛取乳

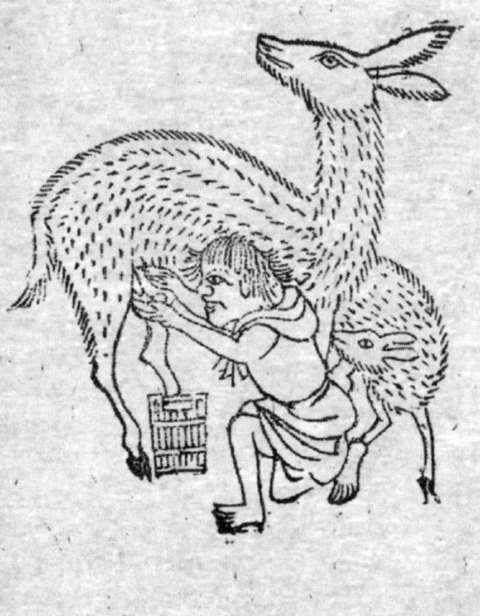

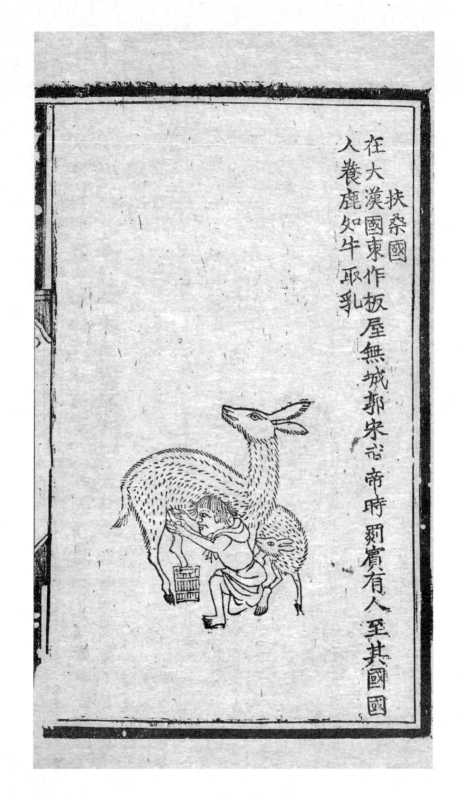

三佛馱國

交趾之南有山曰捕流環數百石大鉄圍不可躋攀中皆良田唯一竅可入交趾屢欲侵於其種類甚大守險不可入也

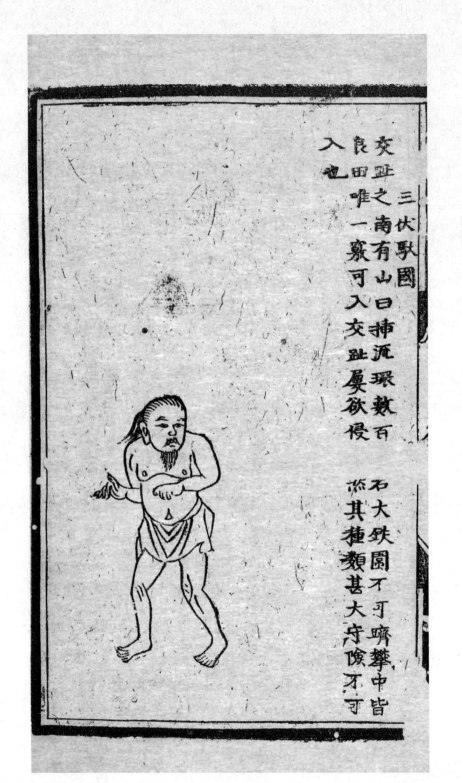

般般國 按唐史與狼牙接界交州海行十日有二十四州

黒開國 係西番

生地國 人不曾到其國

白符國 其國在海中

赤上國 按唐史自交趾泛海得風三月乃至

奔沱浪國 在海中

南羅國 管小國五十四處多產異寶

石撲國 此處多產異寶

蘇門荅剌 其國居海濱

溢亨國 其國居海中

奇羅國 去西管領小國五處

日國 白杷國

詹波羅國 賀屹羅國

地城國 莆萸國

迷離國

三泊國

師魚國

紅蘭國

蘭無里國

遏今國

西棚國

麻蘭國

称合國

窊裏國

羅啟國

丁香國

地涑國

火土國

異域圖志終

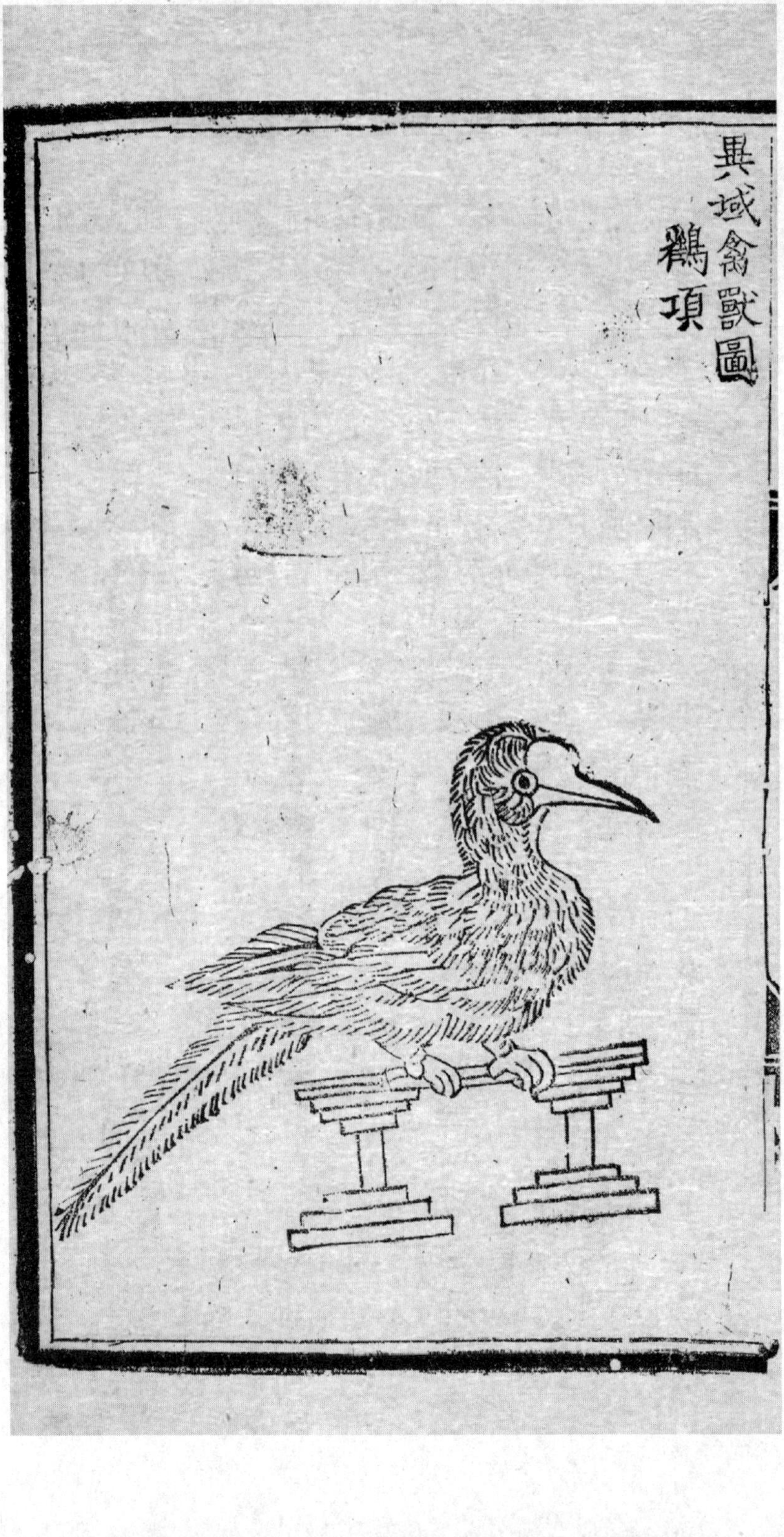
異域禽獸圖
鶴項

福鹿

麒麟

白鹿

獅子

犀牛

黄米里高

金線豹

哈剌虎剌

玄豹

馬哈獸

青米里高

米里高

阿萆羊